HEZHIZHANG

周东华 黄玉洁 编著

桃李春风为谁容

贺知章

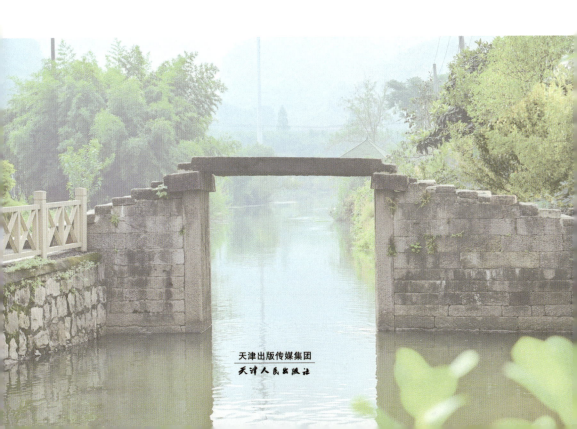

天津出版传媒集团

天津人民出版社

图书在版编目（CIP）数据

桃李春风为谁容 : 贺知章 / 周东华, 黄玉洁编著
. -- 天津 : 天津人民出版社, 2023.9
ISBN 978-7-201-19852-1

Ⅰ . ①桃… Ⅱ . ①周… ②黄… Ⅲ . ①贺知章（659-
744）—生平事迹 Ⅳ . ①K825.6

中国国家版本馆CIP数据核字（2023）第206558号

桃李春风为谁容：贺知章

TAOLI CHUNFENG WEI SHUI RONG : HEZHIZHANG

出　　版	天津人民出版社	
出 版 人	刘　庆	
地　　址	天津市和平区西康路35号康岳大厦	
邮政编码	300051	
邮购电话	（022）23332469	
电子信箱	reader@tjrmcbs.com	

责任编辑	吴　丹	
装帧设计	汤　磊	

印　　刷	天津市银博印刷集团有限公司	
经　　销	新华书店	
开　　本	710毫米×1000毫米　1/16	
印　　张	11.5	
字　　数	141千字	
版次印次	2023年9月第1版　2023年9月第1次印刷	
定　　价	78.00元	

编委会名单

施海勇　施　超　吴志刚　钟乐君

金丹楠　陈　侃　周东华　黄玉洁

序 言

1957年,刘少奇在南方巡视工作,发现有很多职工夫妇两地分居,生活存在困难,但国家一时难以解决这一问题,于是他号召广大职工帮助国家一起来解决这样的困难。刘少奇引用唐代诗人贺知章《回乡偶书》的诗句"少小离家老大回""儿童相见不相识"作为例证,说唐朝像贺知章这样的人物入京做官不带家眷,自古以来就是这样的。回北京后,刘少奇向毛泽东讲了这件事。对于刘少奇强调发扬革命精神,提倡职工同志们一起来帮助国家解决职工两地分居的困难的做法,毛泽东是赞成的;但对贺知章《回乡偶书》一诗作为断定古代官吏在外居官不带眷属的论据,毛主席认为不够充分。饱读史书,对唐诗有特别爱好的毛主席,睡不着觉,特地查阅《全唐诗话》《旧唐书·列传》等贺知章相关资料,于1958年2月10日给刘少奇写了一封信,说:

少奇同志:

前读笔记小说或别的诗话,有说贺知章事者,今日偶翻《全唐诗话》,说贺事较详,可供一阅。他从长安辞归会稽(绍兴),年已八十六岁,可能妻已早死,其子被命为会稽司马,也可能六七十了。"儿童相见不相识",此儿童,我认为不是他自己的儿女,而是他的孙儿女或曾孙儿女,或第四代儿女,也当有别户人家的小孩子。贺知章在长安做了数十年太子宾客等官,同明皇有君臣而兼友好之遇。他曾推荐李白于明皇,可见彼此惬洽。在长安几十年,不会没有卷属。这是我的看法。他的夫人中年逝世,他就变成独处,也未可知。他是信道教的,也有可能屏弃眷属。但一个九十多岁像齐白石这样高年的人,没有亲属共处,是不可想象的。他是诗人,又是书家(他的草书《孝经》至今犹存)。他是一个胸襟洒脱的人,不是一个清教徒式的人物。唐朝未闻官吏禁带眷属事,整个历史也未闻此事。所以不可以"少小离家"一诗便作为断定古代官吏禁带眷属的充分证明。自从听了那次你谈到此事以后,总觉不甚妥当,请你再考一考。可能你是对的,我的想法不对。睡不着觉,偶触及此事,故写了这些,以供参考。

毛泽东

一九五八年二月十日上午十时

复寻《唐书·文苑·贺知章传》(《旧唐书·列传一百四十》,页二十四),亦无不带家属之记载。近年文学选本注家,有说"儿童"是贺之儿女者,纯是臆测,毫无确据。①

毛主席致刘少奇的这封亲笔信,厘清了有关贺知章研究最重要的四个问题:

第一,贺知章作为公务员,与上级领导和同僚甚至下级的关系都比较融洽,"数十年太子宾客等官,同明皇有君臣而兼友好之遇。他曾推荐李白于明皇"。既能量力而行,服务国家社会;又有识人之才,容人雅量。从这个角度来说,贺知章首先是一个优秀的公务员和国家干部。

第二,贺知章故里在哪里?毛主席读了《旧唐书》等史料,认为贺知章是会稽人。在唐代,"会稽人"的说法就像今天我们说是杭州人一样,实际上是

---

① 《毛泽东书信选集》,人民出版社1983年版,第535—536页。

地级市的行政区划概念，具体到区县，毛主席没有说。如果我们跟随毛主席的考证思路，《旧唐书》卷一九〇《文苑·贺知章传》说："贺知章，会稽永兴人。"《新唐书》卷一九六《隐逸·贺知章传》说："贺知章字季真，越州永兴人。"那么贺知章是"永兴人"是可以确定的。"永兴"是不是就等于是"萧山"?《旧唐书》卷四〇《地理三》"江南东道"部分之"越州中都督府"条："隋会稽郡。武德四年，置越州总管……天宝元年，改越州为会稽郡。乾元元年，复为越州。"又，同条下属"萧山"小条作："仪凤二年，分会稽、诸暨置永兴县。天宝元年，改为萧山。"再综合《旧唐书·贺知章传》："天宝三载……至乡无几，寿终，年八十六。"回溯其生年约在唐高宗显庆四年。《新唐书·贺知章传》："(贺知章)证圣初，擢进士、超拔群类科，累迁太常博士。"可知贺知章十九岁时，"永兴"已从当时原属越州的会稽、诸暨两县管辖中分离出来独成的永兴县。至他三十六七岁于武则天证圣年间考中进士时，根据清人毛奇龄《萧山县志刊误》的意见："季真于证圣年制科所中，则正在新复永兴之后、未改萧山之前。"所以贺知章是"永兴人"毫无疑问，永兴即萧山也毫无疑问。至于贺知章的"上级领导"唐玄宗和忘年交李白等都称贺知章为会稽人，实际还是地级市"会稽"，后改为地级市"越州"，并且是习惯使然。

第三，毛主席说贺知章是诗人，又是书家。作为诗人，隋朝开始科举，唐承隋制，科举中也要考诗赋，贺知章在这方面成就卓著，仅《回乡偶书》一首，就像张若虚的《春江花月夜》，是一首盖一代的佳作。贺知章诗作中，经常写有"镜水无风也自波""镜湖莼菜乱如丝"等佳句，李白《送贺宾客归越》也称"鉴湖流水漾清波""山阴道士如相见"等句，总以为贺知章门前的湖是镜湖。实际上，镜湖在唐代中期开始淤塞前，面积达两百多平方千米，由东汉太守马臻纳山阴、会稽两县三十六源之水为湖。而湘湖要到宋时杨时清淤开挖也开始形成现在的状况。湘湖水系本就是镜湖一部分。贺知章之镜湖包括唐时湘湖的范围。

第四，毛主席说贺知章"是一个胸襟洒脱的人，不是一个清教徒式的人物"，这个评价精准到位、高屋建瓴。吴中四友、饮中八仙，如果不是胸襟开阔、为人洒脱，既讲礼守规矩，又懂得生活，哪能如此高寿！从毛主席对贺知章的评价可知，要真正了解和研究贺知章，必须从《全唐诗话》和《旧唐书》等基础史料出发。我们编校的《永兴史诗：贺知章史料汇编》，就是这样一部非常严肃细腻地顺着毛主席的思路，考订和补充了贺知章故里、贺知章研究基础史料，并试图让读者从这本史料集中明了贺知章的为人品性的公共史学著作。

可以说，毛泽东致刘少奇信从贺知章的故里、家庭、职业、信仰、身份和品性诸方面，建构了一个"胸襟洒脱"、非"清教徒式"的贺知章形象。信中有关"偶翻《全唐诗话》""复寻《唐书》"与"再考一考"，提供了贺知章研究"方法"和"态度"的学问之道；有关"少小离家"及"长安几十年"主旨的讨论，聚焦于贺知章的"乡愁"和"亲情"骨肉难舍的乡土之道；有关"与明皇有君臣而兼友好之遇"及与李白"彼此惬恰"，彰显了贺知章的"节操"与"情谊"高度统一的处世之道；有关"信道教"与"亲属共处"，表明贺知章"出世"与"入世"和合共生的人生哲学；有关"诗人"与"书家"，吻合贺知章的"诗寄其才"与"字如其人"的为人之道。据此，以贺知章的人生经历为纲，以贺知章的"学问之法、乡土之情、人生之道、处世之理"为目，纲举目张，编纂《春风桃李为谁容：贺知章》一书，以立德树人、培养英才。

周东华

2023 年 8 月 4 日

第一章 乡音何处：贺知章故里考

第二章 三十而立：贺知章职业考

第六章　好书大字：贺知章书法

第七章　一代异人：贺知章归宿

第一章 乡音何处：贺知章故里考

"少小离家老大回，乡音无改鬓毛衰。儿童相见不相识，笑问客从何处来。"《回乡偶书》这首诗大家都很熟悉，但是你知道吗？这首诗的作者贺知章，不仅是一位著名的诗人，还是一位优秀的书法家，他有着令人敬仰的文化修养，也有使人着迷的人格魅力。这位带有传奇色彩的人物，让人忍不住好奇：他的家乡到底是在哪里呢？

第一节　史书所记

　　"离别家乡岁月多"，这是贺知章对自己一生的写照，但是贺知章在精神上却一直和家乡保持着联系，让我们跟随史书，在历史记载中寻找贺知章的身影。

贺知章像

　　《回乡偶书》激发了无数游子的思乡之情，朴实的语言，字里行间包含了深刻又复杂的感情，这也是它能够成为优秀作品的重要原因。当我们再一次去了解贺知章，会发现他不为人所知的一面。贺知章影响着唐代的文化，然而，关于他取得过哪些成就，有哪些事迹，很多人并不清楚。

　　尽管贺知章在诗句中写道"离别家乡岁月多"，在他的一生中，有大半的时间都漂泊在外，但是家乡的文化一直影响着他的精神品格。他与家乡的联系一直没有中断，无论身处何地，对于贺知章来说，家乡是他终生的牵挂，也是心灵的归宿。贺知章的家乡属于越州永兴，地处于今天的浙江省杭州市萧山区蜀山街道。

桃李春风为谁容:贺知章
TAOLI CHUNFENG WEI SHUI RONG HEZHIZHANG

 **相关史事**

　　湘湖不仅风景秀丽,同时也是华夏文明的发源地之一,这里发掘的跨湖桥文化遗址,是国家级文物保护单位,这里出土了世界上最早的独木舟,把浙江文明史推到八千年前;湘湖城山之巅的越王城遗址,距今已有两千五百多年的历史,是当年勾践屯兵抗吴的重要军事城堡,见证了"卧薪尝胆"的历史风云,为迄今为止保存最好的古城墙遗址。

跨湖桥遗址博物馆　　　　　　　　　独木舟

　　湘湖不仅有着美丽的自然风光,也带有文化与历史的气息,远在八千年前,就已经有人在这里定居生活。唐高宗显庆四年(659),贺知章就在湘湖附近今蜀山街道一个普通乡村出生,他生长在湘湖之畔,即便后来远离家乡,最终仍然选择回到这里。湘湖为他增添了人生的底色,为他注入了不同于其他人的精神品质,这位以"狂客"自居的诗人,见证了唐代文化繁荣,他那丰富多彩的人生经历,让他成为推动和影响盛唐的重要人物。贺知章创作了多篇优秀作品,无论在当时还是现在都有着相当的影响力,这也让萧山地区的文化,成为唐代历史文化中不可忽略的组成部分。贺知章复杂而又绚烂的一生更为家乡萧山,增添了浓重的文化色彩。

　　在前人记载中我们也能看到贺知章的名字,《旧唐书·文苑》中记载贺知

萧湘山水

章为"越州永兴人",在《新唐书·隐逸》中则称他为"会稽永兴人"。这里提到的"越州"和"会稽",并不是指两个地点,而是因为华夏历史悠久,在历史长河中,贺知章故乡的管辖权经历了多次变更,地名的称呼也随之改变。

永兴本为南朝旧县,唐朝建立后一度省废。唐高宗仪凤二年(677)分会稽、诸暨复置永兴县。天宝元年(742)改为萧山。山阴县,始于秦朝,因县治在州治,与会稽分理,于唐高祖武德七年(624)省。唐睿宗垂拱二年(686)划出会稽西界另置山阴县。贺知章出生于唐高宗显庆四年(659),永兴县复置时十八岁,山阴县复置时二十七岁。贺知章诗自称"少小离家老大回",因科举而"离家"的贺知章,虽然没有明说"少小"是几岁,但从新旧《唐书》都记贺知章为"永兴人"可知,贺知章"离家"赴考当在18—27岁之间,因为唐代科举考试举子必须在本贯(户籍所在地)投碟而后才能参加县、州及京试。若贺知章不是萧山人,他不会填"乡贯"为"永兴";若贺知章不是萧山人,他肯定填"本籍"为"山阴",至少在他证圣元年(695)"擢进士、超拔群类科"时及后称自己为"山阴人"。由此可知,贺知章是萧山人无疑。

桃李春风为谁容：贺知章

TAOLI CHUNFENG WEI SHUI RONG HEZHIZHANG

　　萧山有一著名景点"文笔拱秀"。"拱秀"指萧山南城门——拱秀门，由此门向南望去有一山，其上有三峰，形如毛笔架，即文笔峰。贺知章年少时住在贺家园，贺家园位于文笔峰山脚，山峰的高度大概有两百五十七米，和江南的许多山峰一样，山顶常年被植物覆盖，风景秀丽，再加上山间多有雾气，又有"文峰豹雾"的称号。在贺家园的南面，有一条被称为"百步禁界"的路，这个称呼意味着在这条路上，古代的行人经过时必须要步行，即使是官员也不例外，文官需下轿、武官也要下马。这个规则的产生，据说与贺知章有着密不可分的联系，当时贺知章奉旨还乡，而奉旨还乡的官员都会有一项这样的特殊待遇，也体现了他身份的显赫。贺知章取得的成就不禁让人们心生敬仰，这一段再普通不过的路，成为人们纪念他的依据，每当人们走过这条路，都会想到这条规则，也会再一次引起他们对贺知章的追思。

　　如今，随着时代的发展，这里的房子不再是石屋或简陋的房屋，家家户户建起了高大的楼房，宽敞又明亮。但当人们走近时，仍然能感受到当年的气息，淳朴又宁静，这里还是曾经那个安静秀美的小村庄。远处的文笔峰仿佛触手可及，无论是过去还是现在，它都静静地矗立在那里，它没有高大巍峨的山峰，却是这里的人们可以依靠的坚实臂膀。现在生活在这里的人们，只把这座山看作是一处风景，甚至有的年轻人已经不太记得这座山的名字，而在贺知章的童年，文笔峰一定是他和同伴们玩耍的好去处。

活动思考

　　1.在历史的不断变迁中，很多地名都曾经过多次更改，请列举几个你熟悉的地名，通过查找资料记录下它们的曾用名。

　　2.和家人或朋友们开展一次郊游活动，体验不同景色的别样魅力，并用文字记录下来。

 **知识拓展**

"姊妹湖"湘湖与西湖

不知道具体在什么年份,在钱塘江的南岸,形成了一片葫芦形的水域,这片水域就是钱塘江的古河道遗址,也就是人们说的湘湖。虽然我们不知道湘湖是怎样形成的,但在北魏时期,已经有了关于它的文字记载,比如郦道元在《水经注·浙江水》中写道:"有西陵湖,亦谓之西城湖。"这里的"西城湖"代指的就是湘湖。湘湖风景秀美,环境清幽,清代的诗人毛奇龄也写过"遍历吾乡胜,湘湖景更幽"这样的名句,来夸赞湘湖的美景。

湘湖位于钱塘江南岸,因为与西湖只隔着一条钱塘江,有"一江带两湖"的叫法,湘湖与西湖也被称为"姊妹湖"。然而,两者在称呼上并列,但在名气上却相差很远。西湖美名远播,从来不缺少人们的赞美;湘湖却默默无闻,它的魅力始终隐藏在角落,很少有人去观赏。明末学者张岱和他的弟弟曾讨论两者的不同点,弟弟将西湖比作美人,将湘湖比喻为隐士;张岱则将湘湖和西湖都比做女子,认为湘湖腼腆羞涩,西湖的美更加明媚张扬。湘湖小隐造就其宁静的气蕴,远离了世俗的烟火之气,而变得更加与众不同。千百年来,一代又一代生长在这里的人,他们的精神风貌也受到了湘湖的影响。

第二节　家谱所载

根据史书记载,贺知章的家乡就在萧山,那么贺知章所属的贺氏家族的源头到底在哪呢?

写出"试问闲愁都几许。一川烟草,满城风絮,梅子黄时雨"这样绝妙佳句的北宋词人贺铸,他与贺知章也有着不可忽视的联系。这位被世人称道的词人将贺知章视为自己的先祖,并在《庆湖遗老集》的自序中讲述了自己的家谱,这也为我们理清贺知章的家族史提供了帮助。相比其他姓氏,贺氏的历史并不算古老,它并不是一开始就有的,而是源自庆氏。庆氏,是后稷的后裔,曾经是吴地的统治者,很多人听说过吴越争霸,贺氏的源头和这段历史也有着千丝万缕的联系。

春秋时代,萧山一带是诸侯征战的地区之一,也是吴国与越国的所在地。《孙子·九地》中有"夫吴人与越

贺铸像

人物简介

贺铸(1052—1125)。是北宋词人,字方回,又名贺三愁,人称贺梅子,自号庆湖遗老。出生于卫州(今河南省卫辉市)。出身贵族,宋太祖贺皇后族孙,所娶亦宗室之女。自称远祖本居山阴,是贺知章后裔,以知章居庆湖(即今镜湖),故自号庆湖遗老。

人相恶也,当其同舟而济,遇风,其相
救也,如左右手"的记载,这句话的意
思是说吴国人与越国人之间一直存
在着矛盾,但如果同时遭受危难,也
会相互救助,共同担当。这一方面说
明早在数千年前,吴国与越国就存在
着不可分割的联系,也说明吴国与越
国虽然是邻国,在互相合作的同时也

湘湖越王城山

有着很深的矛盾。公元前六世纪到公元前五世纪,吴国与越国之间的战争,
就是二者矛盾的具体表现。大约在公元前六世纪,吴国开始强大起来,在吴
王寿梦成就了吴国的霸业后,他的儿子诸樊、余祭、余昧相继成为吴国的领导
者,但余昧却并没有按照继位传统,将王位传给寿梦的第四个儿子季札,反而
传给了他自己的儿子公子僚,公子僚作为王位继承人,成为吴王僚。这个做
法让诸樊的儿子公子光十分不满,从此开展了多次颠覆活动,试图推翻吴王
僚的统治。直到公元前515年,公子光与刺客专诸秘密谋划,将匕首藏在鱼
腹之中,杀死了吴王僚。经历了多次失败的公子光,最终登上王位,成为吴
王,也就是后来春秋五霸之一的吴王阖闾。

　　吴王僚还有一个儿子,叫作庆忌,他十分了解阖闾,知道阖闾赶尽杀绝的
做法,于是和家人匆忙逃跑。庆忌带着妻子儿女跋山涉水,死里逃生,终于来
到越地会稽,这个可以让他们停留的地方。当地人听说庆忌以前是吴国太
子,正在被吴国人追杀,又看到这一家人在权力斗争失败后的惨状,不禁心生
怜悯,帮助他们在这个地方安顿下来。庆忌也决定抛弃过往的印记,隐姓埋
名改为庆氏,也因为这样,他田地周围的湖被称为庆湖,也就是后来人们所说
的"镜湖",据说镜湖就是庆湖的误称。

桃李春风为谁容：贺知章

从这以后，庆忌和他的后人就在会稽定居，随着时间推移，庆氏家族不断壮大，虽然家族内的人没有全部生活在一起，但也都在会稽范围之内。到东汉时期，庆氏家族中有贤能的人不断涌现，庆纯便是其中一位，他学识渊博，出类拔萃，到后来还被推举到朝廷做官。庆纯做官尽心尽力，得到汉安帝的赏识，很快就成为汉安帝的心腹大臣。汉安帝在追封自己的父亲清河王刘庆时，为了避开刘庆的名讳，汉安帝下诏，将贺姓赏赐给庆纯，庆纯便改名为贺纯，江南贺氏由此而来。

能够得到皇帝亲自赐姓，贺氏一族从诞生起就是名门，由于贺纯的家底丰厚，社会地位又高，再加上家族内不断培养出优秀的后代，贺氏在会稽的影

> ### 材料研读
>
> 贺纯，字仲真，会稽山阴人。少为诸生，博极群艺。十辟公府，三举贤良方正，五征博士，四公车征，皆不就。后征拜议郎，数陈灾异，上便宜数百事，多见省纳。迁江夏太守。三国东吴贺齐伯父。儒学有重名，汉安帝时为侍中、江夏太守，去官，与江夏黄琼、（汉中）〔广汉〕杨厚俱公车征。避安帝父孝德皇（帝）讳，改为贺氏。

 相关史事

始祖贺纯世系

一世 纯公	五世 循公	九世 琛公	十三世 相儒公
二世 齐公	六世 隰公	十世 翊公	十四世 德仁公
三世 景公	七世 道立公	十一世 文发公	十五世 点公
四世 邵公	八世 埙公	十二世 掩公	十六世 知章公

响也越来越大。到了魏晋隋唐时期，大部分贺氏子孙依然选择在会稽生活，被这里的山水灵气影响，他们用自己的力量建设脚下的这片土地，也有一部分人开始走向更广阔的南北方区域，到更远的地方生活。唐朝时，贺修的十二世孙贺德仁担任太子中书舍人，德仁的侄孙贺默为彭州（今江苏徐州）刺史，而贺知章就是贺德仁的侄曾孙。无论在政治地位还是文学成就上，贺知章都取得了非凡的成果，成为萧山地区贺氏子孙中又一个出类拔萃的人物，在萧山历史上留下了浓墨重彩的一笔。

活动思考

1.请你向家人或熟悉的长辈询问家里是否有家谱或族谱，了解家谱或族谱的编写方式以及在编写过程中发生的故事。

2.在了解贺氏的起源之后，也请着手查询你的姓氏起源，并和其他同学交流分享。

 **知识拓展**

姓氏文化

在源远流长的中华文明中,姓氏文化是其中不可缺少的一部分,从遥远的上古时代开始,不断变化的家族体系,一直影响着姓氏的发展。"三代之前,姓氏分而为二,男子称氏,妇人称姓……三代之后,姓氏合而为一"。这句话出自《通志·氏族略序》,根据这里的记载,我们可以知道姓、氏在起源上有所分别,姓起于女系,氏始于男系。

周朝初年,为加强对地方的管理,实行分封制,朝廷大规模分封有功德的人,让这些人到各地担任地方诸侯,这些诸侯和他们后人将封地的地名作为氏。诸侯又以同样的方式分封当地的卿大夫,卿大夫也开始以封地的地名为氏。因为周朝实行分封制,又有很多人获得了封地,这些人组成了数量庞大的氏,氏文化在周代达到鼎盛。

清代顾炎武也在《日知录·氏族》写道:"姓氏之称,自太史公始混而为一。"也就是说,到了秦汉以后,姓、氏合二为一,都可以用姓概括,也可以合称姓氏。这些记载都可以说明,姓氏的起源有着复杂而悠远的历史。

第三节 有诗为据

贺知章的家乡在萧山是被世人普遍认同的，从唐代到今天，人们说到萧山，不得不提的一位就是贺知章，而且也有大量的诗文提到了贺知章和萧山之间的联系。

"文笔环季真之宅"，是郭伦在《萧山赋》中的记载。其中提到的"文笔"，就是文笔峰，也是古湘湖八景之一，而"季真"是指代贺知章。清代萧山人张文瑞在《归厚庄即事》中也曾写道："湖亦有名邻贺监，村因不俗近西施。叉鱼桥下堪垂钓，文笔峰前好赋诗。"向人们交代了贺知章故居与文笔峰之间的联系。在清代光绪年间整理的《招德龙图卷》中，提到了萧山的二十座桥以及它们名字的来历。其中有一条介绍，就是说建在贺知章故乡的"思家桥"，文章中写道："皇都得意归故里，奉旨还乡思家桥。"从以上的诗句及文章中可以大体推断出贺知章的家乡在萧山文笔峰的山脚下，而且在一个建有"思家桥"的村庄里。

在贺知章的朋友写的诗词文章中，都曾提到贺知章回归越地或者会稽

> **材料研读**
>
> 西山如障，北干如屏，洛思蜷蜒于东北，石牛嵫嵬于西南，文笔环季真之宅，仙岩投元度之簪，城山栖越王之甲，郭墓瘗孝子之男……
>
> ——郭伦《萧山赋》

桃李春风为谁容：贺知章
TAOLI CHUNFENG WEI SHUI RONG HEZHIZHANG

季真亭

山。在唐代天宝六年（747），李白东游到达越地，在回忆起贺知章时，望着越地的山水，写下《重忆一首》："欲向江东去，定将谁举杯？稽山无贺老，却棹酒船回。"这首诗的意思是，想要去江东与朋友相会，但现在却没有人再和我一起举杯痛饮。会稽山下再也没有贺知章的身影，我也只能调转船头归去。诗歌篇幅虽短，却饱含辛酸哀痛之情，表达着李白对世间再无贺知章的遗恨。随着贺知章的离开，从此以后，两人再也不能一起喝酒作诗，往日的豪情只剩下一点回忆，让那些还在世间的人，徒有"定将谁举杯"的伤情与哀叹。李白在送别贺知章离开长安时，写下《送贺宾客归越》一诗，诗中写道"镜湖流水漾清波，狂客归舟逸兴多"，诗句中写镜湖水波荡漾，贺知章回到家乡见到熟悉的景象一定会感慨万千，他在回归乡里之后，一定会过上惬意的生活。而卢象在《送贺监归会稽应制》一诗中写道："青门抗行谢客儿，健笔违羁王献之。长安素娟书欲偏，工人爱惜常保持。"在题目中即点明贺知章的归宿地为会稽，在卢象的另一首《紫阳真人歌》中也写道："山阴旧宅作仙坛，湖上闲田种芝草。镜湖之水含杳冥，会稽仙洞多精灵。"在诗句中提到镜湖和会稽山这两个地点表明卢象与贺知章分别时已知贺知章必随其子居山阴或会稽山。

 活动思考

1.在你的家乡一定也有风景独特的地方,请你用相机记录下这些美好的瞬间,制作一份家乡的宣传手册。

2.以导游的身份向朋友介绍自己的家乡,并邀请他们来你的家乡游玩。

 **知识拓展**

萧山八景

在明朝永乐年间就已经有了"萧山八景"的称呼,在此后,萧山八景所指的景观经过多次调整,直到清代扬绳祖所作的《萧山赋》中将萧山八景归纳为文峰拱秀、渔浦烟光、清江月色、北干松风、西村梅雨、罗刹涛声、湘湖云影和书院遗芬。根据现存匾额的记载,"文峰拱秀"又可以称为"文笔拱秀",被列为萧山八景之首。

在清代乾隆时期也有古湘湖八景的说法,在湘湖湖里孙村的《孙氏宗谱》中,曾记载湘湖八景包括:龙井双涌、跨湖春涨、水漾鸣蛙、湘湖秋月、尖峰积雪、越城晚钟、柴岭樵歌和湖中落雁。在这八景中,"尖峰积雪"指的就是文笔峰。

第四节　地图所注

　　贺知章的家乡在萧山，除文字记载之外，还有一幅地图作为额外的补充证据。

　　在康熙二年（1663），姑苏王君甫曾绘制《大明九边万国人迹路程全图》，在这个地图中详细绘制了明代边防各个府、州、县的情况，在图中出现贺知章的名字，标明为"萧山贺知章"。在这里，我们将重新理顺贺知章故乡的历史沿革。

《大明九边万国人迹路程全图》中的贺知章故里图

　　秦统一六国后，将长江以南的原吴国、越国的管辖权交给会稽郡。西汉末年，会稽郡的管辖范围大致包括今天江苏南部、上海西部、浙江大部以及福建地区，是当时土地最为广阔的一个郡。西晋至南朝末年的三四百年间，会稽郡仅管辖现在的绍兴、宁波一带。隋文帝灭掉陈国后，新的大

相关史事

《大明九边万国人迹路程全图》由姑苏（今苏州）人王君甫于康熙二年（1663）发行，图中注有"本朝帝畿书坊梅村弥白重梓"。此图原绘于明代（1368—1644），后由王君甫等人重刻。此图所绘以两京十三省为主，详细地标绘各府、州、县、卫、宣尉司、宣抚司、军民府、按抚司、长官司、在图的四周标绘邻近国家。图右上角的美洲、左边的非洲和欧洲严重失真。

思考：这幅地图这样的布局有什么样的用意？

一统时代到来，会稽郡被下令废除，会稽郡改名为吴州。后来，隋炀帝改吴州为越州，不久将越州又改回会稽郡。唐朝初年，这里改名为越州，唐玄宗时再次改越州为会稽郡。越州与会稽的名称，在隋唐时代不断更改，经常反复出现，因此，在唐代历史上，贺知章的故乡可以叫作越州，也可以称为会稽，不过因为唐肃宗又改成越州，从那以后，会稽郡也就不存在了。

永兴，就是今天的萧山。西汉景帝前元三年（前154），萧山一带有一个余暨县，属于会稽郡。早在春秋时期，越绝书中就有"越人谓盐为余"的说法，这句话说的是在越国的语言中，"盐"与"余"相近，再加上余暨、余杭、余姚这几个地点都靠近海洋，盐业的发展和它们息息相关，因此余暨这个古老的名字也来源于此。三国时，萧山一带是孙吴的领地，当时民间流传着一曲童谣唱道："天子当兴东南三余。"其中的"三余"就是余暨、余杭、余姚。三国吴黄武元年（222），孙权将余暨改名为永兴，有着"永久兴盛"的意思，两晋南北朝时期，也一直采用永兴这个名字。到了隋朝，永兴县被废除，它所在的这个地区被并入会稽县。唐朝时，又重新恢复了永兴县，直到唐天宝元年（742），永兴的名称逐渐被萧山替代。

由以上的历史可以看出，今天的萧山，在唐代一般采用"越州永兴"的说法，会稽是作为越州、越地的别称或统称，一方面向人们展示着这里悠久的历史，另一方面也包含着一种自古而来的文化气质。无论是"越州永兴"还是"会稽"，都说明贺知章确为萧山人。

活动思考

1.你了解家乡地名的来历吗，请查阅资料和同学一起分享。

知识拓展

贺家园

贺家园的位置在萧山城区南部的塔山，也就是文笔峰山脚下的知章村，总占地面积约为五十亩，贺知章的故居就在贺家园内。根据考证，这里曾是贺知章出生的地方，他和母亲离开之前一直生活在这里。这里也是他最思念的地方，即便在长安生活了几十年，贺知章仍旧选择在辞官后回到家乡，过上一种闲云野鹤的生活。

第五节　有桥为证

在蜀山街道知章村,有一座单孔石桥仍然立于小河之上,石桥上斑驳的痕迹,仿佛在诉说着那些不为人知的故事。

知章村有一座古老的石桥,石桥是典型的江南样式,用厚厚的青石板铺垫,桥不高,只有十几级,跨河而过,河是小河,桥也是小桥。桥面仅由三块条形石板铺成,桥面过于狭窄,石桥旁边也没有扶手护栏,不过几步路的距离,行人从这座青石小桥上面走过时,也会有些担心。小桥名叫思家桥,曾经也叫作史家桥、仪方桥,小桥的石板上现在还能看到刻有

知章村

"思家桥""仪方桥"的字样,史家桥这个名字,应该是思家桥的错误叫法,因为村子里并没有人姓史。

据《萧山县志》记载,思家桥最开始在唐代建成,现在的这座思家桥在明朝嘉靖年间重建,负责人是担任工部主事的黄九皋,而黄九皋同时也是思家桥村的人。思家桥的桥名还有一个这样的说法,说是埭上黄氏一族,在明清两代一共出过二十九位举人,其中有十位考中了进士。他们大多在其他地方

桃李春风为谁容：贺知章
TAOLI CHUNFENG WEI SHUI RONG HEZHIZHANG

 相关史事

　　黄九皋，字汝鸣，号竹山，出身于埭上黄村的乡绅之家，面壁苦读，于嘉靖十七年（1538）中进士。黄九皋是工部主事，主管国家手工业、重大水利工程、军事设施等。明嘉靖三十二年（1553），为防倭寇再次侵扰萧山，在朝廷任工部主事黄九皋的大力支持下，时任萧山县令施尧臣征得了朝廷同意，县城扩建费用均由官府支出，历时一年零三个月修筑了萧山城墙。施工期间黄九皋还常来察看，了解施工实情，并督察工程质量，新城建成后确实起到了抵御倭寇来犯、保护人民的作用。

　　做官，很想念家乡，于是建了这座桥并把它命名为"思家桥"。关于思家桥的由来，在民间还流传着另一种说法，这个说法就与贺知章有关。在思家桥的桥墩上也刻有几行字，因为时间过于久远，有些字已经模糊不清，难以辨认，其中有一条为"□学士创始，族长相继懿修"，第一个字字形模糊，有学者推测可能是"贺"字。贺学士，就应该是贺知章，因此人们认为这座桥建于唐代，是贺知章回乡时建造，在使用过程中被后代的子孙不断修缮。无论思家桥是否为贺知章建造，这座小桥中包含的思乡之情，都与贺知章对故乡的情感无比贴合。黄九皋等人作为贺知章的家乡人，即便与贺知章隔着数百年的时间，依然像他一样，延续着那种对萧山家乡的留恋。直到今天，这座小桥依然是连接两岸的重要

有桥名"思家"

通道，一直发挥着它应有的作用。

贺知章的童年就在湘湖边这个淳朴而宁静的乡村中度过，对他来说，童年是一段美好和快乐的时光，让他在离家的几十年中无数次想起。在他为数不多的作品中，与归家和思乡有关的内容占据了很大比例，无论是"少小离家

担母读经浮雕(知章公园)

桃李春风为谁容：贺知章
TAOLI CHUNFENG WEI SHUI RONG HEZHIZHANG

老大回，乡音无改鬓毛衰"，还是"唯有门前镜湖水，春风不改旧时波"，贺知章用最简单的诗句表达了最浓重的情感。贺知章身处蓬勃发展的盛唐诗坛，在众多优秀的诗人中，他也能凭借真挚的作品占据一席之地。于平淡中见真淳，最重要的因素是贺知章对家乡真切的浓情厚谊，我们可以想见，在湘湖之畔的童年，给他留下了多少单纯幸福的回忆。

活动思考

1.很多历史文化景点背后都藏着有意思的传说，请你说出感兴趣的景点，并在查阅资料之后把这些传说故事分享给他人。

2.调查采访身边的朋友或同学，当他们思念家乡或想念亲人朋友的时候会做些什么呢？

 **知识拓展**

箩婆寺与箩婆桥

贺知章是个孝子，后来的草书《孝经》也是他的书法作品之一。在今天的湘湖，还流传着一个与贺知章有关的传说，也正与"孝"相关。

清代《绍兴府志》记载"箩婆寺建于箩婆桥头"。相传箩婆寺曾叫云门寺，地点在距离萧山城南五里的潘水边，就是现在的南门江一带。贺知章和母亲住的地方在箩婆寺附近。箩婆桥与箩婆寺，它们的名字究竟是如何得来的呢？其中一种说法便与贺知章有关，我们今天提到的箩婆桥的"箩婆"，传说就是贺知章的母亲。何谓"箩婆"，即坐在箩筐里的婆婆。"箩筐"是一种用来盛菱藕、担稻穗的农具，也可以担人，在江南一带的劳动生活中经常会用到，一般是一根扁担，两头分别担起一个箩筐，用来搬运东西。那为什么贺知章的母亲要被称为坐在箩筐里的婆婆呢？原因是她生了一场重病，不知道是积劳成疾还是受到山川中瘴气的影响，她的双腿行走起来相当困难，他们已经没有能力通过劳动在贺家园维持生计，这也许是她与贺知章离开贺家园的原因。贺知章非常孝顺母亲，为了减少母亲行走的不便，每次出门，贺知章便用箩筐前面担起母亲、后面担经书，挑行于乡间，街上的人纷纷赞叹这个小伙子好学与孝顺的品行，"箩婆"也成为乡里人津津乐道的人物和故事。负责修筑湘湖的萧山县令杨时曾到箩婆寺古井旁撰联："贤母传经自有佳儿能式，波恬古井比湘水以同清。"又传说因为某寺的僧人被贺知章的孝心与勤勉感动，把他收入寺庙，贺知章得以在寺中读书学习，生计问题也得到了一定的缓解，因此同乡人称贺知章为"贺担僧"，寺庙也逐渐被百姓称为"箩婆寺"。

第二章 三十而立：贺知章职业考

贺知章的职业生涯中几乎没有遇到大的挫折，诗文中也没有出现仕途不顺的描述，有人用"四平八稳中的点点星光"来形容贺知章，这是再合适不过的了。贺知章在少年时遭遇家庭变故，但他没有消沉，反而在他人的帮助下走进官场，追寻着自己喜欢的生活方式。

第一节　少年苦读

苦难没有将贺知章击倒，却让他坚定了要读书科考的目标。历史上有关贺知章少年时期的记载很少，《新唐书》《述书赋注》《太平广记》中对贺知章的家庭和亲人只有非常简单的记述，但我们仍然能透过历史的缝隙，找出他与湘湖的点点滴滴，从前人的文章中勾勒出贺知章的成长经历。

我们已经知道贺知章是贺德仁的族孙，但是从贺氏诞生起，经过几十代的繁衍，当时的家族情况已经十分复杂，同族人之间的地位境遇也有了很大的差别。因此，贺知章的家族中虽然还有高门大户存在，但是贺知章的父亲贺彪，只是普通百姓了。也就是说：贺彪一方面还继承着先祖的文脉，斯文尚存；另一方面，他和妻子要靠自己劳作来维持简单的生活。

> **材料研读**
>
> 贺德仁，越州山阴人也。父朗，陈散骑常侍。德仁少与从兄基俱事国子祭酒周弘正，咸以词学见称。时人语曰："学行可师贺德基，文质彬彬贺德仁。"
>
> ——《旧唐书》卷一百九十上 列传第一百四十

贺知章在大约七岁时遭遇到了一次重大的家庭变故，他的父亲去世了。本该年富力强的贺彪到底为什么突然去世，我们不得而知。但对于这个普通

桃李春风为谁容：贺知章
TAOLI CHUNFENG WEI SHUI RONG HEZHIZHANG

感悟精神

说一说：你从贺知章的少年故事中学到了什么样的精神？

家庭而言，这无疑是一个很大的打击。少年贺知章此时已经开始读书，和其他家庭一样，父母对他有着深切的期望，而贺彪的突然去世迫使贺知章成为母亲唯一的依靠。经历生活变故，贺知章继续苦读，他虽然年幼，却不容许自己有一点的松懈。在读书之外，他还要帮助母亲干活，尽量减轻母亲的负担。不久以后，或许因为生计艰难，贺知章和母亲离开了贺家园，相传来到了云门寺一带，或许是为了谋生，或许是去寻找贺氏宗亲中可以投靠的亲人。从此，贺知章与母亲便开始居住在城南的潘水边。

根据实际情况进行推测，贺知章家境并不富裕，能够在年少时积累知识，参加科举考试，必定还是得到了同族宗亲的帮助。正如前文所说，当时的贺氏一族在蜀山一带依然是具有影响力的大家族，这样的书香门第因为有家学传统，一般会有私塾之类的学习场所，供家族子弟读书学习，以免同族亲人因为家境贫寒失去读书的机会，影响书香世家的名声。因为贺知章怀抱着要读书的信念，再加上自身刻苦勤奋，他得到了家族长辈相当大的支持。就这样，带着父母的期望，贺知章在这里阅读诗书、学习书法，为日后的灿烂人生打下深厚的基础，在后来成为贺氏宗族又一个光耀门楣的人物。

贺知章少年时期的经历虽然说不上跌宕起伏，但也经受了不少的磨难与挫折，然而在他日后的人生中，这位盛唐诗人几乎没有任何的抱怨，对这些苦难烦恼，他始终以豁达超然的人生态度去面对。在这一点上，必然与当地浓厚的文化氛围有关，贺知章在年少时被萧山的文化底蕴影响，有关精神品格，有关人生态度，这片灵秀的山水给他本人打上了诸多精神烙印。

活动思考

1.召开主题班会，与同学交流讨论在成长的过程中都出现过哪些对你影响比较大的人或事。

2.贺知章从小就怀抱着要读书的信念，也请你把自己的理想写下来，和大家一起分享。

 **知识拓展**

魏晋风流

萧绍一带属于东晋文化的中心地带，在贺知章少年时期，湘湖还留存着一种文化风气，这种文化风气是在魏晋南北朝形成的一种潮流。魏晋时期是一个战乱的时代，在这两百年间，各个朝代和政权频繁更迭，战争不断，"白骨露于野，千里无鸡鸣""出门无所见，白骨蔽平原"这两句诗描述的场景并非夸张，而是在苦难中挣扎的百姓们面临的常态。然而这种伦理的混乱、前代制度破碎的情况，却给文化带来了新的生长空间。魏晋风流，即魏晋名士们具有的那种率直任性、洒脱不羁的行为风格，以及饮酒、服药、清谈、纵情山水的生活方式，这些不仅被名士崇尚，对贺知章的人生态度也有很大影响。年轻的贺知章在家乡完成了自我的成长和读书的积累，怀抱着家乡给他的丰厚馈赠，期待着下一个人生阶段的到来。

第二节　长安行

"少小离家老大回"，中间经历了这么长的时间，那么你想不想知道，贺知章离开家乡去了哪里呢？

"少小离家老大回"这句诗几乎是贺知章的作品中流传最广的，这里写的"少小"，不是绝对意义上的年龄幼小。他正式离开家乡时大概二十出头。但是这一去就是近五十年的时间，与他回家时垂垂老矣的状态相比，离家时确实可以说得上是"少小"

贺秘监祠

了。贺知章在大约二十岁时，他在乡里已经是颇有名气的读书人，母亲和族人对他的期望也渐渐增加。在唐高宗以后，进士科越来越被人们看重，宰相也大多是进士科出身，在贺知章的青年时代，参加科举考试已经成为众多读书人的人生追求，贺知章也不例外，他在也在期待着这样一个机会的到来。就在这一年，带着家乡的文化和族人们的期望，贺知章离开萧山，启程来到他

长　安

的第二个故乡——长安。

　　当然，在他正式进京考试之前，他必须要通过州县的考试。制举的机会可遇而不可求，贺知章并没有遇到这样的机会。而与乡贡相比，生徒自然也是带有很多便利的，但是选择生徒这种方式的学生，一般都是家底比较殷实，且有一定社会地位的考生，以贺知章自身的家庭条件来看，他是没有这种捷径可走的。学有所成的贺知章老老实实地按照乡贡的道路，在家乡越州参加了州县的考试。当时他在乡里已经颇有名气，因"文词俊秀"得到州县人的称赞。当地有名望的大族常常邀请贺知章为座上宾，再加上贺知章的书法水平已经远远

📄 **相关史事**

　　被誉为"初唐四杰"的卢照邻和骆宾王走的就是荐举的路线。

骆宾王像

桃李春风为谁容：贺知章
TAOLI CHUNFENG WEI SHUI RONG HEZHIZHANG

超过其他人，因此，谁能拿到贺知章亲笔题写的诗文，那实在是一件值得夸耀的事。就是在这样的情况下，贺知章参加了州县的考试，一同参加考试的考生和负责监考的考官，都对贺知章有所耳闻，贺知章也信心满满地完成了自己的答卷。果不其然，他的这场考试一举得中，离母亲和族人们对他的期望又近了一步。

贺知章读书有了喜人的成果，这个孝子时刻挂念着自己的母亲，但是前路的曙光在不远的地方不断召唤，母亲和族人也不断催促他离开家乡，到京城去开启新的人生篇章。二十多岁的贺知章带着并不厚重的行囊，从潘水乘船北上。在他临走之前，贺氏的族人为他举办了一次送行宴，期待着这位年轻人能够平安到达长安，顺利通过科举进入仕途。贺知章脸上始终带着轻松而平和的微笑，长安对他来说，是一个陌生的都城，但同时也是他在心里想过无数遍的地方。离开母亲与家乡，贺知章站在一叶小舟上，与前来送行的亲人好友们挥手作别，踏上自己的科考之路。江南文化、文人和士人所处的地位即将发生新的变化，贺知章与整个盛唐社会文化，也将产生紧密的联系，在前方等待他的有扬眉、洒脱，也有无奈与坎坷。

活动思考

1.通过查找资料，了解科举制度发展变革的过程，和同学们一起分享。

2.在唐代有很多读书人都将考取进士作为人生目标，请你选择一位感兴趣的人物，搜集他考取功名的事迹讲给身边的人听。

 **知识拓展**

科举制度

公元598年，隋文帝下令推举符合"志行修谨"（有德行）和"清平干济"（有才能）两科的人才，隋炀帝又创立了进士科。唐代贞观年间，唐太宗在隋朝科举的基础上又增加了考试科目，以"明经""进士"两科为主。明经科要求考生能够熟读儒家经典并通晓大意，进士科主要考诗赋和政论，这要求考生在熟读经典之外，还要有深厚的文学功底，而贺知章选择的就是进士科的考试。当时参加考试的考生主要有三种来源，一个是生徒，一个是乡贡，还有一个叫作制举。所谓"生徒"，是出身于国子监、弘文馆、崇文馆等国家最高学府和各地方州县学馆的学子们，他们可以直接前往尚书省参加考试；所谓"乡贡"，则是其他没有在学馆学习，通过自学或者其他途径学习的人，这些学生需要先提出书面申请，通过州县一级的考试后，考试合格的人再前往京城，到尚书省进行考试；"制举"，则是属于特殊情况，封建时代的皇帝常常会因为各种原因，临时下诏选拔"非常之才"，也就是以朝廷的名义根据不同的需要，征召和选拔一些各地的人才，这就被统称为制举。

第三节　贺秘监

"湖亦有名邻贺监"，这里的"贺监"是指贺知章，你知道这是为什么吗？

贺知章有一个头衔是秘书监，秘书监是管理国家藏书、编写校正藏书文章的职位，进入丽正院后，他就在做这样的工作。"贺秘监""贺监"常常被当时和后来的人们用来代指贺知章，可见"秘书监"这一官职对贺知章的重要性，以及人们对他工作成就的高度认可。

贺秘监祠中的贺知章塑像

 相关史事

　　贺知章是浙江地区有资料记载以来的第一位状元。

武则天证圣元年（695）的春天，贺知章终于等到了科举考试这一天，在考试的过程中他对答如流。不出所料，放榜的名单上写着他的名字，贺知章考中了状元，终于实现了他身上所承载的理想，无愧于他在家乡三十多年的积累。

拿到做官资格后，贺知章被分配到国子监担任四门博士，在这里，贺知章作为高级老师，负责给那些出身一般的学生们授课。在国子监担任博士的那段时间，贺知章全身心地给学生们讲授课业，传道解惑，从不涉入朝堂中的政治斗争，为自己创造了一块干净的自留地。从武则天证圣元年（695）到唐玄宗开元元年（713）的近二十年间，贺知章只经历过一次官职的变迁，即从国子四门博士改任太常博士，负责掌管宗庙礼仪。到了开元三年（715），为改善典籍藏书残缺不全、篇卷错乱、查阅资料十分不方便的情况，唐玄宗下令开展修书工作，身为太常博士的贺知章与其他官员一起，参与到书籍的整理工作中。开元六年（718），唐玄宗下令将修书的场所搬到丽正院，修书工作变得更加体系化，丽正院除了负责修撰图书、整理图书，还是一个具有研究礼仪、讲学等多种功能的文化机构，其中的成员甚至还协助皇帝制定一些决策，有时也给皇帝、太子等人讲课，丽正院成为一个名副其实的皇家智囊团。

 相关史事

集贤殿沿革

开元五年（717），唐玄宗收集天下典籍，在东都紫微城乾元殿整理，设各种专职整理和管理人员。

开元六年（718），乾元殿更号丽正修书院，改修书官为丽正殿直学士，并于长安大明宫光顺门外亦设一丽正修书院。

开元十二年（724）东都丽正修书院移至明福门外，改名"丽正殿书院"。

开元十三年（725）东都紫微城明福门外、西京大明宫光顺门外，两所丽正修书院均改为集贤殿书院。

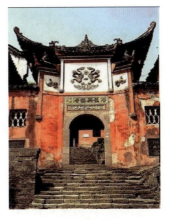

丽正书院

桃李春风为谁容：贺知章
TAOLI CHUNFENG WEI SHUI RONG HEZHIZHANG

进入丽正院以后，贺知章的任务就是与同僚一起修撰《六典》与《文纂》，他的才学被唐玄宗器重。贺知章多年负责讲学和研究礼仪相关的工作，每次唐玄宗与他谈论经书或者礼仪问题，总能应对如流，深得玄宗的赞许。在开元十三年(725)，发生了一件对大唐帝国、唐玄宗以及贺知章都非常重要的事情——封禅。封禅问题，归根结底是礼仪怎么举行的问题，比如有哪些人可以参加封禅仪式和祭祀流程如何进行等，这是一套相当复杂的程序。在封禅过程中，唐玄宗曾多次询问贺知章与封禅礼仪有关的问题，贺知章每次回答的都有理有据使人信服，经过封禅仪式之后，唐玄宗对这位礼官又多了几分赏识。

 相关史事

《唐玄宗封禅图》

位于山西高平境内的仙翁庙东西两侧的壁画，就是惊现于世的唐玄宗封禅图。庙内现存的两幅壁画，都以唐玄宗为中心，分别描绘了他两次赴泰山封禅的出行场面。在黄罗伞盖下，唐玄宗风度翩翩，仪容伟丽；侍女体态丰腴，俊俏曼妙；文武官员神态端庄，簇拥相随，整个画面充溢着浓郁的盛唐风韵。

 活动思考

1.从古至今，有许多为人们称道的有才德的著名人物，请你搜集这些人物的故事，写下自己读过之后的感想。

2.泰山封禅与普通的祭祀活动有着很大的区别，在查阅资料之后请你找出这两者的区别。

 **知识拓展**

封　禅

　　封禅是历史上很早就有的仪式,在司马迁的《史记·封禅书》中对封禅进行了详细解释,这也是关于封禅仪式现存的最早的文字记录。司马迁开篇写道:"自古受命帝王,曷尝不封禅? 盖有无其应而用事者矣,未有睹符瑞见而不臻乎泰山者也。"也就是说自开天辟地以来,人们认为帝王是天子之命,是上天选择了他们,祭祀天地,是每个帝王必须要完成的环节。泰山封禅,也就是在泰山举行的祭祀天地、祈求风调雨顺的重要礼仪活动。

　　这种仪式起源于春秋战国时期,当时齐国与鲁国的人,认为泰山是天下最高的山,天子应当到这座最高的山上去祭祀至高无上的神灵,向天下彰显强盛的国力。张守节在《史记正义》中说:"此泰山上筑土为坛以祭天,报天之功,故曰封。此泰山下小山上除地,报地之功,故曰禅。"这句话的意思是,仪式有"封"和"禅"两部分。所谓"封",就是在泰山之巅,用山土筑成圆台来祭祀天帝;所谓"禅",就是在泰山之下的小山丘,用土筑成方坛来祭祀地神,都是用来感谢上天与大地的馈赠。由此看来,泰山封禅,本质上也是向天地祈福的一种形式,但在历史的长河中,它被赋予了更多、更深层的意义。据记载,在唐玄宗以前,完成泰山封禅的也不过秦始皇、汉武帝、汉光武帝、隋文帝、唐高宗等几位皇帝,他们基本上都称得上是文武兼备、功绩卓著的皇帝。

第四节　贺学士

唐玄宗设置集贤院，于是，贺知章有了新的官职身份。

封禅完成以后，唐玄宗带领大部队回到长安，规模浩大的封禅典礼让他非常满意，通过这种仪式，他的心愿都得到了满足。这位盛唐的皇帝和众大臣们为封禅投入了大量的人力物力，虽然舟车劳顿，但是壮观的典礼意味着国家强盛，带着一种隐约的自豪之情，贺知章等礼官一直绷紧的神经终于放松下来。

为了犒劳这些臣子，唐玄宗在集仙殿设宴庆祝，君臣相谈甚欢，喝到尽兴时，唐玄宗说："这里是集仙殿，我和诸位贤才宴饮于此，应该改成集贤殿。"大臣们听了纷纷高呼"万岁"，支持唐玄宗的提议。"集贤"，有"罗致贤才"的意思，于是丽正书院就改名为集贤院，学士也都被称作集贤院学士，贺知章也就有了贺学士的身份。

也就在开元十三年（725），唐玄宗任命贺知章为礼部侍郎。从年龄上来说，贺知章已经是年过六旬的老臣了，按照资历来说，他升为礼部侍郎似乎是水到渠成的

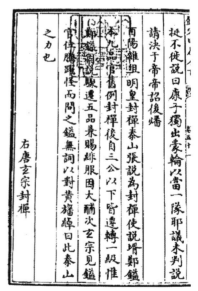

唐玄宗封禅文

事。不过结合贺知章的"政绩"来说，贺知章升迁官职大概更多是来源于玄宗对他的赞赏。此时贺知章的官位连续升迁，甚至超过了以往的几十年，被任命为礼部侍郎的诏令刚刚下达，贺知章又接到了担任集贤院学士的诏令。

知识回顾

　　说一说：唐朝的中央官制是什么？礼部作为六部之一的官署具有什么样的职能？

　　这一天，贺知章在朝中谢恩的时候，一次领到了两个官职的封赏，可见唐玄宗对他的厚爱。同朝为官的大臣们纷纷对贺知章表示庆贺，宰相源乾曜也拱手祝贺，他说："贺公今天身兼两个光荣的使命，实在是荣耀到了极点，那么你觉得当学士跟当侍郎哪个好一点呢？"贺知章朗声笑道："侍郎是士大夫的选择，不过是一个备员充数的官；而学士需要怀先王之道和经纬之文，才能做得好啊，这就是侍郎和学士的差别。"这番话丝毫没有骄矜之气，反而更强调了自己应当完成的使命，唐玄宗听说之后，又对他进行了赏赐。不久，唐玄宗又选择贺知章担任太子右庶子，即太子的宫官，同时也是太子的侍读。这样，贺知章又成为太子的老师，也就是将来的皇帝的老师，将未来的皇帝交给贺知章来教导，更显示出唐玄宗对他的信任，贺知章的官宦生涯也达到了"平步青云"的地步。

活动思考

　　1.招贤纳士一直被认为是皇帝有德行的表现，列举极为功绩卓著的皇帝并查阅资料了解他们的事迹。

　　2.在一些重大的节日，现在仍然会有祭祀的习惯，查阅资料并了解祭祀时都会举行哪些活动。

知识拓展

唐玄宗封禅小故事

　　按照前代的传统,封禅过程中有一个仪式,就是把写有祭文的玉牒放在祭祀的石室里。这个玉牒上的内容究竟是什么,却一直都是一个秘密,从不向外人宣传。这一次,唐玄宗在召见礼官时忽然发问:"为什么玉牒一定要保密呢?"众人一时都不知该怎么回答,这时候贺知章朗声答道:"玉牒本是通于神明之意,前代帝王所求各异,或祷年算,或思神仙,其事微密,是故莫之知。"这就是说牒文一般写的都是皇帝的私人请求,比如秦始皇、汉武帝等人就希望达到成仙和长生不老的目的,所以不适合对外公布。即使是唐高宗和武则天这样的皇帝,因为信奉道教或者佛教,他们在的玉牒上写的内容,往往也是不能让外人知道的。当时掌管国家礼仪的臣子们,不可能不知道这个情况,但除了贺知章之外却都选择沉默不语,也说明了为官时需要保持谨慎,贺知章虽然在做官上有着分寸,却并非谨小慎微的人。听了贺知章的回答,唐玄宗这才恍然大悟,说:"朕此行皆为苍生祈福,更无秘请,宜将玉牒出示百僚,即史所载祀天牒辞。"唐玄宗的牒文果真像他所说,祈愿的内容都与国家和人民的利益有关。牒文是这样写的:"恭承大宝,十有三年。敬若天意,四海晏然。封祀岱岳,上成于天。子孙百禄,苍生受福。"对于唐玄宗的这种做法,贺知章和礼官们从心底里敬佩,而唐玄宗也更加赏识贺知章的博学多识,以及他为人处世的明白潇洒。

第五节　太子宾客

你有没有思考过，在古代，想要成为太子的老师，都需要达到哪些要求呢？

贺知章被授予太子宾客、银青光禄大夫兼正授秘书监的职务。太子宾客，是唐代开始设置的一个官职，隶属于东宫，作为太子的侍从平日里负责规谏太子。唐玄宗之所以给贺知章这样的职位，一方面是因为贺知章曾长期担任四门博士，对于传道授业解惑，他是最合适不过的人选；另一方面，唐玄宗早已对他有详细的了解，贺知章是个永远潇洒乐观的人，他从来没有流露过贪图权力的野心，所以选择贺知章作为太子身边的人，无论对唐玄宗还是对于太子来说，都是一件好事。光禄大夫这个职位源于战国时期，沿用到唐代时，几乎已经没有实际的权力，贺知章的银青光禄大夫为从三品，虽然事实上只是虚职，但是地位却非常值得尊敬。

画心尺寸：长71cm X 宽37cm

咏　柳

桃李春风为谁容:贺知章
TAOLI CHUNFENG WEI SHUI RONG HEZHIZHANG

开元二十六年(738),李亨被立为太子。李亨在唐玄宗的儿子中是"仁孝恭谨"的一位,他出生之后,并没有得到唐玄宗的特殊优待。只是因为唐玄宗对儿子们的学业十分关心,让李亨在少年时期很幸运地受到了潘肃、吕向、皇甫彬等名士的教导,这些名士当中就有担任四门博士的贺知章。面对李亨这位皇子,贺知章尽心尽力地发挥着一位老师的职责,从来没有表现出任何阿谀奉承之意。贺知章本人博学多才,他为人处事的风格给李亨留下了很好的印象,也成为这位皇子在少年时期十分尊敬的一位长辈。在成为太子后,李亨身上有了新的责任,带着温良孝顺的品质,他对唐玄宗安排的各种事情言听计从。让贺知章担任太子宾客也算是这些事项中的一部分,李亨听到后欣然接受,因为多年前二人曾经有过一段师生之谊,让贺知章再次成为规谏教导李亨的老师,两个人可以相处得非常好,李亨不必对这位被唐玄宗安排在身边的人有所戒备,贺知章也不必在这位太子面前唯唯诺诺,一切都在平淡而顺利的轨道上运行。

贺知章做官做了很多年,每次官职升迁都十分平稳,给他和家人提供了安定的生活和不错的社会地位,让他具备了潇洒和狂放的条件。从国子监四门博士到集贤院学士再到太子宾客,这些与文人学子紧密相连的官职,也给贺知章提供了展示自身才华以及帮助他人的平台。在唐朝的历史中,贺知章在政治权谋上没有什么闪光点,而在盛唐文坛,他却是一个光芒万丈的人物。从初唐到盛唐,贺知章的人生脉络与文化发展的轨迹息息相关,他凭借自身才华成为文化发展中的一个关键点,他十分欣赏关爱那些有才能的人,他运用幽默诙谐的语言和出色的交际能力,创建了一张联系着众多优秀文人的文化网络。

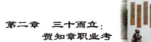

 活动思考

1.古今中外你都了解哪些比较著名的教育家呢,查阅资料讲述一下他们的故事吧。

2.你和你的老师之间发生过什么印象深刻的事情呢,请你写下来和同学交流分享。

 **知识拓展**

恩师贺知章

贺知章成为李亨的老师后,不仅为他讲解经文,还负责编写教学的教材,贺知章学识渊博,在教学时呕心沥血,而李亨经过夜以继日的学习,自身的学识也不断增长,渐渐具备了帝王的才能和品德。李亨对曾经的学习时光有着很深的印象,多年之后依然在心中挂念着这位老师,他在回忆起贺知章时说:"故越州千秋观道士贺知章,器识夷淡,襟怀和雅,深情志逸,学富才雄,挺会稽之美箭,蕴昆冈之良玉。故飞名仙省,侍讲龙楼,常静默以养闲,因诙谐而讽谏……"从这些描述中,我们也不难想象贺知章为李亨读书讲经的情景,贺知章言辞幽默,在授课时,不仅能够将艰深晦涩的文章深入浅出地讲给李亨,还能达到劝谏的目的。

第三章 任达怜才：贺知章的交往

贺知章为人豁达又狂放不羁，擅长诗文和书法，自然结交了不少和他有着相同志趣的骚人狂客，甚至还组成了不少团体，比如吴中四士，又如饮中八仙，随着了解贺知章的交游故事，我们也能在其中感受到盛唐的伟大魅力。

第一节　谪仙一人

李白向来交友广泛，贺知章与他是怎样认识的呢？

贺知章与李白是初见就引为知己的一对老友，在交往过程中二人产生了深厚的情谊，这也成为贺知章人生中非常重要的一笔。贺知章在认识李白时，正担任太子宾客，此时的他已经八十多岁，是一个须发尽白、长髯飘飘的老人了，身边的大臣对他的态度不再是防备，而是尊敬与爱戴。贺知章向来保持着潇洒随性的生活态度，对于官场的钩心斗角，他从来不斤斤计较，自然也能风轻云淡地看待所有的尊荣。虽然年事已高，他依然没有改变曾经与好友聚会、畅饮美酒的生活习惯，也正是在这样的背景下，才催生出贺知章与李白之间的一段佳话。

因为长期向道，贺知章有许多道士朋友。一次，他又抽出空去紫极宫与朋友论道。朋友向他介绍了一位刚到长安不久的才子。贺知章向来喜欢结交朋友、举荐有才能之人，于是欣然应允，不过对于朋友极高的夸赞，他还抱有怀疑的态度。当贺知章见到这位才子之后，发现此人身形高大，玉树临风，透出一股潇洒飘逸的气概，心中立刻就非常欢喜，寒暄应答之下，那人自报家门，称自己名叫李白。此时的李白已经四十二岁，已是名满天下的大诗人，贺知章自然对他早有耳闻，他的许多诗句也能冲口而出。李白为了表明自己的诚意，将新作品《蜀道难》拿给贺知章看，贺知章立刻便被诗句中的气势感染，

桃李春风为谁容：贺知章
TAOLI CHUNFENG WEI SHUI RONG HEZHIZHANG

连连赞叹。就在紫极宫中，李白冲天的豪气和满身的才华让贺知章大为欣赏，表示李白确实名不虚传。而面对眼前这位言笑晏晏、两鬓斑白的八十老翁，李白同样心生敬重之意。交谈的过程中，二人一见如故，将近四十岁的年龄差丝毫没有影响他们，贺知章直呼李白为"谪仙人也"。能又结交一位好友，开心之余必定少不了美酒相陪，得知李白也喜好饮酒，贺知章从紫极宫中出来后，当下要请这位小友一醉方休。来到店中，贺知章发现自己身上忘带银两，他微微一笑，直接解下身上佩戴的金龟给店家作为酒资，可见贺知章性格中的豁达以及对后进人才的关怀。

这次会面以后，李白向贺知章表达了自己希望为国效力的理想。像李白

材料研读

噫吁嚱，危乎高哉！蜀道之难，难于上青天！蚕丛及鱼凫，开国何茫然！尔来四万八千岁，不与秦塞通人烟。西当太白有鸟道，可以横绝峨眉巅。地崩山摧壮士死，然后天梯石栈相钩连。上有六龙回日之高标，下有冲波逆折之回川。黄鹤之飞尚不得过，猿猱欲度愁攀援。青泥何盘盘，百步九折萦岩峦。扪参历井仰胁息，以手抚膺坐长叹。

问君西游何时还？畏途巉岩不可攀。但见悲鸟号古木，雄飞雌从绕林间。又闻子规啼夜月，愁空山。蜀道之难，难于上青天，使人听此凋朱颜！连峰去天不盈尺，枯松倒挂倚绝壁。飞湍瀑流争喧豗，砯崖转石万壑雷。其险也如此，嗟尔远道之人胡为乎来哉！

剑阁峥嵘而崔嵬，一夫当关，万夫莫开。所守或匪亲，化为狼与豺。朝避猛虎，夕避长蛇；磨牙吮血，杀人如麻。锦城虽云乐，不如早还家。蜀道之难，难于上青天，侧身西望长咨嗟！

说一说：这首诗表达了李白什么样的心境？

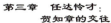

这样希望得到举荐的人，贺知章数不清已经见过了多少，但是对于李白这样才华横溢的诗人，他尽心尽力，与玉真公主、道士吴筠等人一起向唐玄宗举荐。唐玄宗本就是文采风流的人，立刻下令召李白进宫。李白进宫朝见那天，唐玄宗"降辇步迎"，李白也潇洒应对，对答如流，后来他被任命为供奉翰林，留在唐玄宗身边。唐玄宗非常欣赏李白的诗才和言辞，一起宴饮游玩时，李白的作品总能得到他的赞叹。

　　贺知章对李白的知遇之恩，李白一生都有牢记在心。在得知贺知章回到家不久就驾鹤西去的消息后，李白十分悲痛，创作《对酒忆贺监二首》来纪念贺知章，其一是："四明有狂客，风流贺季真。长安一相见，呼我谪仙

相关史事

　　李阳冰《草堂集序》中写道："天宝中，皇祖下诏，征就金马，降辇步迎如见绮皓。以七宝床赐食，御手调羹以饭之，谓曰：卿是布衣，名为朕知，非素蓄道义，何以及此？置于金銮殿，出入翰林中，问以国政，潜草诏诰，人无知者。"玄宗亲自下阶迎接，并亲手调和羹汤给李白，可见他对李白的重视。

人。昔好杯中物，今为松下尘。金龟换酒处，却忆泪沾巾。"其二是："狂客归四明，山阴道士迎。敕赐镜湖水，为君台沼荣。人亡余故宅，空有荷花生。念此杳如梦，凄然伤我情。"在第一首中，李白用平实的语言回忆了他与贺知章交往的细节，点滴之中都是对这位清狂诗人的赞颂与感激。在第二首中，李白幻想了贺知章归乡的场景，想象他荣归故里，终于与镜湖水重逢的场景，到如今却人去宅空，只剩下镜湖荷花独自开放，想到这梦一般的场景，李白不禁也觉得伤心悲痛。李白用自己的方式追忆着他和贺知章之间的深刻友谊，这两首诗并没有像常见的挽歌那样列举逝者的功绩，只是用朴实纯真的语言，表达故人离去的感慨和叹息。

桃李春风为谁容：贺知章
TAOLI CHUNFENG WEI SHUI RONG HEZHIZHANG

活动思考

1.李白被世人称为"诗仙"，请你说出几首李白的诗并背诵。

2.李白的诗包含着浓厚的浪漫色彩，认真阅读李白的诗歌并体会诗中包含的情感。

知识拓展

贺白忘年之交

"太子宾客贺公，于长安紫极宫一见余，呼余为'谪仙人'因解金龟换酒为乐"。贺知章去世多年之后，李白再次作诗纪念贺知章，哪怕时间过了很久，他仍然清楚地记得与贺知章见面的场景。唐代的官员会佩戴朝廷赐予的鱼袋，虽然被称为鱼袋，却被制作成乌龟的形状，三品以上官员佩戴的鱼袋用金子做成，四品、五品的官员则只能用银或者铜。贺知章当时担任秘书监，按照规定可以佩戴金龟，他用金龟换酒喝，如果被追究起来在当时可是大罪，但在遇到知己时，贺知章什么都顾不得了。当李白拿出一篇《蜀道难》向贺知章请教时，贺知章从中更能体会到李白在文学方面具有过人的才华，当时他身上没有带银两，爱才之心让他毫不犹豫地解下身上佩戴的"金龟"，让店家上酒上菜，二人在这里喝酒畅谈，从此贺知章与李白结下了深厚的友谊，后来也常常在一起饮酒赋诗。实际上贺知章比李白年长将近四十岁，可以称得上是忘年之交。

第二节　颠狂二友

　　豁达的贺知章还有癫狂的一面，他的癫狂体现在生活的方方面面。

　　张旭，字伯高，苏州吴县人，大约在唐高宗上元二年(675)出生，比贺知章要年轻十几岁，不过他们开始为官的时间应当相差不大。张旭以狂草闻名，算起来，这位大书法家与贺知章还有一层亲戚关系。张旭的母亲为陆氏，出生在苏州名门，她有一个伯父名叫陆柬之，陆柬之有一个兄弟名叫陆元方，而这位曾经当过宰相的陆元方，正是贺知章姑姑的丈夫。张旭出身名门，带有浓厚的家学渊源，他年轻时从来不用操心生计的事情，又天生有一种潇洒的性格，内在的才华与外在的公子身份融合在一起，造就了张旭超群脱俗的气

张旭书像

人物简介

　　张旭，字伯高，一字季明，苏州吴县(今江苏苏州)人，唐代书法家，擅长草书，喜欢饮酒，世称"张颠"，与怀素并称"颠张醉素"，与贺知章、张若虚、包融并称"吴中四士"，又与贺知章等人并称"饮中八仙"，其草书则与李白的诗歌、裴旻的剑舞并称"三绝"

桃李春风为谁容：贺知章

TAOLI CHUNFENG WEI SHUI RONG HEZHIZHANG

质和洒脱不羁的品格。

因为贺知章与张旭同样来自吴越，与陆元方一家都是亲戚关系，二人自然很快就成为朋友。张旭为人豪爽狂放，每次喝酒总要酩酊大醉，然而奇怪的是醉酒并不影响他的创作，他喝醉后也能写出好诗或者好字，这恰好合了贺知章的性子。张旭与贺知章常常在一起探讨书法和文学，无话不谈，直至一醉方休。

贺知章与张旭熟悉起来之后，他们又通过酒与书法迅速建立了友情。张旭与贺知章都属于"吴中四士"，又被列入"饮中八仙"，如此可见他们不光有相同的爱好，还有着类似的性格。张旭的号中有一个"颠"字，而贺知章晚年自号"四明狂客"，一"颠"一"狂"，再加上好酒，在世间留下了许多传奇故事。张旭当时被称为"草圣"，三杯酒下肚，有豪情万丈，好的书法作品往往在此时从他笔下流出，酣畅淋漓。大家都知道贺知章是个优秀的诗人，但实际上他还写得一手好字，最擅长的是"草隶"，而且他经常与张旭一起探讨书法，这也成为一段广为流传的友谊佳话。

张旭《肚痛帖》（第三章第一节）

贺知章和张旭都是好酒之人，也同样擅长书法，二人经常在长安城中四处行走，谈笑生风，旁若无人。在有兴致时，他们就在路边的酒馆稍做停留，喝酒聊天，如果厅堂的墙壁或者帷幕恰好得

到二人的青睐，贺知章与张旭便会要来笔墨，提笔在墙壁或帷幕之上创作，笔走龙蛇，句不加点，令观者啧啧称奇。时间长了，贺、张二人的名声传了出去，如果有酒馆商肆能够得到他们的题字，可以说是十分荣幸，有些富人权贵听说后也希望请他们赐下墨宝，然而贺知章与张旭二人本来是将这种事当作一种乐趣，兴之所至，乘兴而归，对这种请求自然不会理会。但是有心的人怎么会这么容易就放弃，许多商肆开始将上好的笔墨纸砚当作必备品，避免贺、张二人到来后一时兴起，却没有称心的书写工具。这些准备果真没有白费，不少人因此得到了题字的机会，有时贺知章与张旭心情愉悦，有一些运气好的人，便不会被拒绝。贺知章和张旭都擅长草书，但是当时那些人得到的字最多也不过十余个，因此人人都将其视为珍宝，甚至代代相传。

 活动思考

　　1.搜集书法家"草圣"张旭的书法作品，欣赏并了解他的书法特点。

　　2.开展一次书法学习课程，体会不同书法家的写字风格。

 **知识拓展**

张 颠

　　据《新唐书》记载，张旭每次醉倒，就开始奔跑呼叫，然后借着这股势头提笔写字，酣畅淋漓，一气呵成，作品令人惊叹。张旭有时候直接"以头濡墨而书"，就是用头发直接蘸墨来写字，写完立刻沉沉睡去，等到他醒来再看用这种方式得到的作品，甚至觉得比起平日更好，这样的作品才是神品，可遇而不可求。张旭到底如何用头发来写字，这样神奇的场景不光我们难以想象，在大唐，虽然文化和社会风气已经相当开放，也很难被人理解，张旭因此收获了"张颠"的名号。张旭从来都是特立独行，也或许正因为如此，他才能成为"草圣"，书法历来讲究与人的一体性，字如其人，因为不同的人会赋予书法不同的特点与灵性。从这个层面来说，草书与个性的联系尤为突出，张旭的放纵不羁与内心的独立造就了他在草书上的成就。

第三节　姑表情谊

　　小时候痛失亲人的贺知章，并不是孤苦无依，在远方长安，仍有很多人在关心他。

　　陆象山原名陆景初，即使在人才辈出的长安，陆景初仍然是非常突出的俊秀人物，经常被人夸赞。陆象山考中制举后被朝廷选授为扬州参军，后来经过多次升迁，在朝中担任中书侍郎。在唐睿宗的时候，有一次，陆景初得到了召见，唐睿宗对他的为人和见识大为赞赏，就对他说："你能够继承先人的建树，就赐名叫象先吧。"从此，陆景初就改名为陆象先。

　　贺知章独自离开家乡来到长安，但他在长安并不是孤身一人，贺知章

陆象先画像

的姑姑嫁到了苏州的陆家，远隔千山万水，但是因为属于同一个宗族，有着血缘关系，他们也经常关心贺知章读书的情况。陆家是苏州的望族，贺氏的丈夫陆元方同样也在朝中为官，当贺知章北上长安，前来接待他的正是陆元方

桃李春风为谁容：贺知章
TAOLI CHUNFENG WEI SHUI RONG HEZHIZHANG

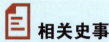
相关史事

陆象先常道："天下本来没有那么多是非，庸人自己心里不安，才生出许多是非。如果能从心灵的源头上开始清理，那天下的事就简单多了。"这句话后来被概括为谚语"天下本无事，庸人自扰之"以及成语"庸人自扰"，比喻本来没有问题而自找麻烦。

的儿子陆象先。陆象先和贺知章年纪相仿，二人一直保持着书信往来，此次贺知章来到长安，二人终于可以面对面交流，见面之后更是一见如故。陆象先为人沉稳豁达，贺知章为人平和潇洒，而且十分健谈。虽然陆象先已经在朝中担任着不小的官职，但是二人对身份的差距并不在意，这丝毫不影响他们在一起谈论诗词歌赋，针砭时弊。陆象先对贺知章十分仰慕，他曾经对人说："贺兄言论倜傥，真可谓风流之士。吾与子弟离阔，都不思之。一日不见贺兄，则鄙吝生矣。"言语当中称赞贺知章言谈举止风流倜傥，如果一天没见，就觉得时间过了很久，更觉得自己身上都多了很多不足之处，可见陆象先对贺知章的崇敬之情。

贺知章到达长安，就感受到了族姑一家的热情，从考试报名签到之类的考前准备到结交长安城内的文人名士，这些事项都被陆象先安排得井井有条。报名的手续都办完了，但是贺知章并不能像今天的考生那样静静等待考试的那天，他还要在长安城展开活动，打响自己的名声，引起考官的注意。虽然科举已经成为一种较为规范的选官制度，但是提前让自己的名字被大众知道，也相当重要，甚至和考试的文章同等重要。结交各种文人雅士，尤其是与本次科考有关的人，这放在今天会被认为不避嫌，但在当时，是一种普遍且十分必要的工作。在陆象先的帮助下，贺知章去拜会了主考官，还与当时的新秀张说、苏颋相识，这二人在他后来的官宦生涯中也发挥了很大作用。

当贺知章考取功名后，具体能做什么还要再等待朝廷的分配，当时陆象

先正在朝中担任中书侍郎，正是
在他的大力举荐之下，贺知章被
分配到国子监四门博士，这个职
位和他本人十分契合。贺知章在
国子监内既能利用自己的学识因
材施教，又不必面对官场的钩心
斗角，在他自己和陆家的努力下，
成功地开启了仕宦生涯的第一
步。从此，贺知章的人生经历、官
场浮沉、朋友交游都与这个职业
有着解不开的关系。贺知章在后
来的官职升迁中，比如从四门博
士改任太常博士，仍然是得力于
陆象先，在担任国子四门博士和

名词解释

四门博士：学官名。北魏太和
二十年(496)因刘芳表请立四门博士。
隋代隶于国子监，唐始合于太学。管
教七品以上侯伯子男的子弟以及有才
干的庶人子弟。元以后不设。

太常博士：古官职名，为太常寺
掌管祭祀之事的官员，正七品。三国
魏文帝初置太常博士，掌引导乘舆，
撰定五礼(吉、嘉、宾、军、凶)仪注，监
视仪物，议定王公大臣谥法等事。晋
以后沿置，职称清要，而品级不高，唐
从七品上。

太常博士的这些年，很大程度上也是因为陆象先，贺知章才能躲过身边的各
种惊变，由此可见陆象先的尽心尽力，以及二者之间深厚的情谊。

活动思考

　　贺知章与陆象先之间既是亲情又是友情，你的身边有没有这样的
人，请和同学们分享你们之间的故事。

 **知识拓展**

行卷、温卷和省卷

唐高宗时期,参加科举考试的考生在考试前打响自己的名声十分重要,很多考生都会提前准备自己的优秀作品,找机会投递给当时朝中的名公巨卿和文学名士,希望可以通过这种方式得到他们的赏识。如果真的有考生能够得到青睐,得到那些名士的认可,就可以增加自己的声誉,甚至还可能被推荐给主考官,对考生来说会有事半功倍的效果。这种做法在当时叫作"行卷",行卷除了要看自己的才华水平,当然也要依靠一点运气,极少有人通过一次行卷得到理想效果。如果行卷失败,他们也不气馁,第二次、第三次向不同的对象投递自己的作品,这就叫作"温卷"。每次科考,都会有大量考生从全国各地来到长安,但是大部分考生都没有特殊的途径去敲开这些名公巨卿的大门,所以这些考生干脆直接向主管考试的尚书省投递自己的作品,提前展示自己的才华,这被称为"省卷",也称"公卷",尚书省为了给考官做参考,也会接纳这些省卷。行卷、温卷和省卷,都是文人们在科考之前为自己成功做的一些准备。在那个讲究门生和"圈子"的时代,考官和名士们也都接受这种做法。考生投递出来的行卷,确实能够反映出他们的文采和能力的高下,对于公正无私、真正想要选拔人才的主考官和公卿来说,行卷是全面了解考生的好办法,比"一试定乾坤"的准确性更高。但是,事物总是有两面性,对于个别能力不够又想走捷径的人来说,行卷也变成给他们提供便利的旁门左道。因此,在贺知章的时代,无论是哪种考生,都竭尽所能地去寻找门路,出现"贵者以势托,富者以财托,亲故者以情托"的现象。

第四节　吴中四士

　　吴越之地，人杰地灵，除了贺知章之外，还有不少与贺知章一样满身才华的优秀士人。

　　所谓"吴中四士"又称吴中四杰，是指贺知章、张旭、张若虚和包融四人。除了贺知章，其他三人也是吴越人士，希望通过科举考试，到长安谋取功名。贺知章是越州永兴（今浙江萧山）人，张旭是苏州吴县（今江苏苏州）人，张若虚为扬州人（今江苏扬州）人，而包融为润州延陵（今江苏省丹阳）人。他们年龄相仿，来到长安的时间也差不多，都是凭借各自出众的才华赢得了大家的注意。把他们四人作为一个团体提出来，自然是因为他们同属一个地域。吴中，一般是指春秋时的吴地，贺知章的家乡越州本来不在吴地范围之内，但自古以来，吴地与越地相邻，而且两个地区无论是习俗还是语言习惯都

《吴兴备志》录吴中四杰事

桃李春风为谁容：贺知章

有很多相似之处,因此吴越之地也是一个常用的地理概念。

关于吴中四士之间交游的具体情况,我们能找到的资料很少,但是可以确定的是,因为具有相同的文化背景,贺知章、张旭、张若虚、包融彼此之间产生了一种天然的亲切感,毕竟在长安,从南方远道而来的他们算是一个"弱势群体"。在长安文坛的其他人物,他们也会不自觉地把这几位来自吴越之地的人物联系起来。就这样,这四个人带着吴越文化特有的清新秀丽和风流洒脱引起了人们的注意。"(包融)与贺知章、张旭、张若虚有名当时,号吴中四士"(《新唐书》),"一时数子人间往往传其文"(《旧唐书》)。在这个时期,宫廷诗的创作达到高潮,再加上朝廷大力推行科举制度,吴越人士原本远离权力中心,现在也能有机会去往中原,并将吴越文化传播给世人,对唐朝的政治和文化产生深刻的影响。

张旭的草书、李白的诗歌和裴旻的剑舞被称为"三绝",很多人可能不知道,书法家颜真卿和怀素都曾向张旭学习书法,颜真卿曾向张旭请教笔法,怀素则继承和发展了他的草书。张旭的书法属于张芝、"二王"一派,他以继承"二王"的传统而自豪,讲究字字有法;另一方面又效仿张芝草书的手法。张旭不仅擅长草书,他的楷书也是端正严谨,规矩至极,被黄庭坚夸赞"唐人正(楷)书无能出其右者",就是说唐朝没有人比他写得更好了。如果说张旭的楷书是继承多于创造,那么他的草书则是充满了创新与发展。张旭把当时流行的"今草"书体,发展为笔法放纵、字形多变的"狂草"体,潇洒磊落、变幻莫测,张旭的草书有着雄浑奔放的气概、变化多端的笔姿和恣肆浪漫的势态,做到了笔未落而意在先。唐代吕总《续书评》记载:"张旭草书,立性颠逸,超绝古今。"清刘熙载在《艺概》写道:"韩昌黎谓张旭书'变动犹鬼神,不可端倪',此语似奇而常。夫鬼神之道,亦不外屈信阖辟而已。"这些评价都说明,张旭的书法虽然惊世骇俗却自成一派,被世人看重。

相关史事

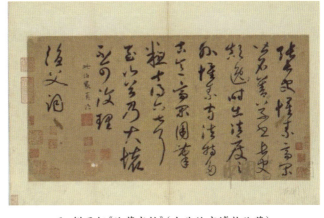

释文：张长史、怀素、高闲皆名善草书。长史颠逸，时出法度之外；怀素守法特多古意；高闲用笔粗，十得六七耳；至山谷乃大坏，不可复理。

元·鲜于枢《论草书帖》（台北故宫博物院藏）

　　书法是张旭留给后世珍贵的艺术瑰宝，不过，他在当时能够名列吴中四士，是因为他还是一位诗人，具有厚重的艺术素养，以及与张若虚、贺知章同样优秀的诗才，他在诗歌中展现了大量吴越之地特有的景象，甚至要远远超过其他三位。以他的《桃花溪》为例："隐隐飞桥隔野烟，石矶西畔问渔船。桃花尽日随流水，洞在清溪何处边？"这首诗以典型的吴地风光为描写对象，远处隐隐约约的桥梁如同凌空而起，隔着野外的烟气，在若明若暗之间，诗歌被江南的朦胧笼罩。在桃花流水、轻泛渔舟的美景之中，作者发出了对渔人的询问："洞在清溪何处边？"整首诗歌迷离恍惚，构思婉转，情韵悠长，创造了如水墨画一般的幽美境界，抒写了一种向往世外桃源，追求美好生活的心情，在典型的吴地风光之中，显示出与当时文坛大家不同的审美风格。再看《山中留客》一诗："山光物态弄春晖，莫为轻阴便拟归。纵使晴明无雨色，入云深处亦沾衣。"这首诗描绘了春天时山间的美丽景色，并对想要离开的客人进行劝说，同时又一次突出和升华了山中景致的美好，表达了张旭对山野田园的喜爱之情，又蕴含着要欣赏美好的自然风光就不能浅尝辄止的哲理。这首诗在

桃李春风为谁容：贺知章
TAOLI CHUNFENG WEI SHUI RONG HEZHIZHANG

蜀山花海

写景之外还带有智慧的沉思，诗中句句劝说，又讲述春景，从审美构思到传达手段，立意确实十分精妙。当客人想要离开，诗人劝说"纵使晴明无雨色，入云深处亦沾衣"，这本来是生活中常见的现象，经过诗人的加工描述，却有了一种动人的含义。诗歌清新自然，从表面上看是劝说客人远离俗世，却没有像普通的隐逸诗那样流露出消极情绪，反而散发出一种愉悦之情，诗中蕴含的盎然生机，这就是盛唐即将到来的号角，是盛唐文学即将崛起的先声。

《乐府诗集》录张若虚诗

　　在吴中四士中，与贺知章年龄最近的应当是张若虚(约660—约720)，他是扬州(今江苏扬州)人。他的生平事迹在历史中记载极少，我们能看到的唐代的诗歌、杂记小说，宋代的《文苑英华》《唐文粹》《唐百家诗选》《唐诗记事》中都没有收录他的诗作，直到郭茂倩编选《乐府诗集》时，才将张若虚的《春江花月夜》选入其中，而明清之后，才有越来越多的文艺评论者注意到这位诗

人。张若虚为何在文学史上出现了这样的"空缺"，我们不得而知，不过，当我们把目光再次放到大唐，此时就会发现，刚到长安的张若虚，已经因为"文词俊秀"被大家关注了。

相比贺知章近而立之年才来到长安，张若虚的成名时间要略早一些，更早于张旭和包融二人，可以说在当时，他是第一个被广泛接受并获得赞誉的吴越文人。遗憾的是，张若虚只有两首诗作流传于世，并被收录在《全唐诗》中，但仅仅是这两个作品，却足以让大唐文坛别开生面。一首是五言排律《代答闺梦还》，这首诗歌描写的是妇人对远在边塞的丈夫的思念之情：

关塞年华早，楼台别望违。

试衫著暖气，开镜觅春晖。

燕入窥罗幕，蜂来上画衣。

情催桃李艳，心寄管弦飞。

妆洗朝相待，风花暝不归。

梦魂何处入，寂寂掩重扉。

无论从诗歌的立意、意象还是写作风格，这一首诗都带着浓厚的齐梁遗风，文辞柔媚，并不能称为上乘的佳作。如果张若虚只有这样的水平，恐怕他在当时不可能成为吴中文人的代表人物，也不可能在今天的文学史中占据重要的席位，他响彻后世的声名几乎都来自另外一首诗歌《春江花月夜》：

春江潮水连海平，海上明月共潮生。

滟滟随波千万里，何处春江无月明？

江流宛转绕芳甸，月照花林皆似霰。

空里流霜不觉飞，汀上白沙看不见。

江天一色无纤尘，皎皎空中孤月轮。

江畔何人初见月，江月何年初照人？

桃李春风为谁容:贺知章
TAOLI CHUNFENG WEI SHUI RONG HEZHIZHANG

人生代代无穷已,江月年年只相似。

不知江月待何人?但见长江送流水。

白云一片去悠悠,青枫浦上不胜愁。

谁家今夜扁舟子,何处相思明月楼?

可怜楼上月徘徊,应照离人妆镜台。

玉户帘中卷不去,捣衣砧上拂还来。

此时相望不相闻,愿逐月华流照君。

鸿雁长飞光不度,鱼龙潜跃水成文。

昨夜闲潭梦落花,可怜春半不还家。

江水流春去欲尽,江潭落月复西斜。

斜月沉沉藏海雾,碣石潇湘无限路。

不知乘月几人归,落月摇情满江树。

《春江花月夜》原本是乐府旧题,吴声歌曲名,相传此曲是南朝陈后主所作,陈后主常常与宫中臣子以此曲为诗,"采其尤艳丽者以为此曲"。可见,《春江花月夜》原本是艳丽的"宫体"。再看张若虚这首诗,文笔清新脱俗,江南春天的夜景在他笔下变得空明,这首诗仿佛展现了一幅月光照耀下的长江画卷,同时又通过不着痕迹的转折,来表达游子的离别相思之苦,表现了个人对时间与空间的沉思。江流宛转,回环绕行,月照花林,花瓣如雪花纷飞。汀州之上的月光倾泻而下,覆盖在白沙之上。万里无云,只有一轮孤月,远远散发着光辉。清丽的月夜和飘渺的思绪高度统一,诗中所描绘的风景与整个氛围达到完全的契合。《春江花月夜》不再像六朝宫体,表达婉转的情思,而是通过描写江月照人,引出世界永恒与人生短暂的对比,进一步发出对时空宇宙的思考。整首诗没有无病呻吟,也没有故作深沉,而是诗情画意与哲学思辨的统一。《载酒园诗话又编》中有记载说:"《春江花月夜》,其为名篇不待言,细

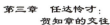

观风度格调，则刘希夷《捣衣》诸篇类也。此诚盛唐中之初唐。且若虚与贺季真同时齐名，遽分初盛，编者殊草草。吾读诗至贺秘书，真若云开山出，境界一新，毋宁置张于初，列贺于盛耳。"王闿运在《湘绮楼论唐诗》中写道："张若虚《春江花月夜》用《西洲》格调，孤篇横绝，竟为大家。李贺、商隐挹其鲜润，宋词、元诗尽其支流，宫体之巨澜也。"闻一多在《唐诗杂论》中更对《春江花月夜》作出了"这是诗中的诗，顶峰上的顶峰"这样极致的评论。

今天的我们大概能想象出，张若虚将这首诗展现给世人时，一定引来了无数的赞美与惊叹。《春江花月夜》整首诗都是好句，将诗歌发展到了更高的水平。张若虚将吴越之地独有的细腻清丽写进诗句，在诗中散发着舒展自如的感觉，让人们认识到吴越文人在创作上别具一格，也因此开启了吴越士人的成名之路。

包融是吴中四士中年纪最小的一位，他是润州延陵（今江苏丹阳）人，直到开元年间才渐渐有了名气。我们都知道的大诗人张九龄，他和包融也有着一定的联系，他们在偶然中相识。当时，在朝堂和文坛都有着影响力的张九龄，立刻被包融的才气吸引，后来举荐他为怀州司马，不久包融又升迁为集贤院直学士。包融与贺知章应该是在集贤院相识，虽然二人有着不小的年龄差，但是相比张若虚和张旭，包

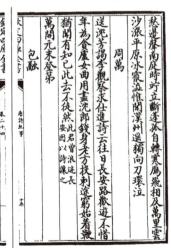

《唐诗纪事》录包融事

桃李春风为谁容:贺知章
TAOLI CHUNFENG WEI SHUI RONG HEZHIZHANG

材料研读

《新唐书·百官志二》:"集贤殿院。学士、直学士、侍读学士、修撰官,掌刊辑经籍。凡图书遗逸、贤才隐滞,则承旨以求之。谋虑可施于时,著述可行于世者,考其学术以闻。"

说一说:集贤院是一个怎样的存在?

融的人生经历跟贺知章更为相似。他们都是在得到了朝中文臣的欣赏后获得官职,并长期担任集贤院学士,都算是半个宫廷文人。贺知章本身是喜爱交游、提拔后进人才的人,包融和他一样来自吴越之地,都在集贤院为官,并且是一个才华横溢的人,他们的交往自然就多了起来。由此可见,吴中四士是根据地域、才学和个人特性来命名的,因此,虽然包融比张若虚、张旭与贺知章三人都要年轻很多,却能和他们一起列入吴中四士。

入选吴中四士的首要原因是诗才,包融的诗当然也带有吴越之地的精神。他的《阮公啸台》写道:"荒台森荆杞,蒙笼无上路。传是古人迹,阮公长啸处。至今清风来,时时动林树。逝者共已远,升攀想遗趣。静然荒榛门,久之若有悟。灵光未歇灭,千载知仰慕。"其中描述的是包融来到一处古迹,传说是阮籍曾经长啸的地方,包融在这个地方遥想当年的情景,想象阮籍发出清亮有如鸾凤之音的啸声,怀想他率性纯真的风采,虽然眼前是荒凉的景象,但阮籍留下的精神依然让后世永久仰慕。这首诗是追怀也是咏史,却没有悲壮的情感,有的只是风骨长存。再看另外一首《登翅头山题俨公石壁》

晨登翅头山,山曛黄雾起。

却瞻迷向背,直下失城市。

暾日衔东郊,朝光生邑里。

扫除诸烟氛,照出众楼雉。

青为洞庭山,白是太湖水。

苍茫远郊树，倏忽不相识。

万象以区别，森然共盈几。

坐令开心胸，渐觉落尘滓。

北岩千余仞，结庐谁家子。

愿陪中峰游，朝暮白云里。

诗歌以太湖山水为吟咏对象，描写了登山远望的场景，表现了晨雾渐退的整个过程，展现出太湖山水的迷人风采。在"山曛黄雾起"的环境中，人与城市似乎也迷失了方向，在朦胧隐约之中，太阳的出现使得"扫除诸烟氛，照出众楼雉"，在晨雾之中看不清的景物纷纷呈现出原有的面貌，色彩分明，气象开阔，"青为洞庭山，白是太湖水。苍茫远郊树，倏忽不相似识"，面对如此舒展多姿的景象，诗人"坐令开心胸，渐觉落尘滓"，似乎灵魂也从中得到了净化，诗歌是写景，却同时带有抒发自我的高雅脱俗的情感。

关于包融的生平，仅有三言两语散落于他人的事迹中，不过，我们依然能由此推测出他的个人风格。据记载，包融与孟浩然、殷遥等人关系

《孟浩然集》书影

孟浩然像

孟浩然(689—740)，名浩，字浩然，号孟山人，襄州襄阳(现湖北襄阳)人，世称孟襄阳。因他未曾入仕，又称之为孟山人，是唐代著名的山水田园派诗人。

桃李春风为谁容：贺知章

湖畔梅影

很好，孟浩然曾作《宴包二融宅》一诗，记录他与包融的交游："闲居忧清洛，左右接大野。门庭无杂宾，车辙多长者。是寸方盛夏，风物自潇洒。五月休沐归，相携竹林下。开襟成欢趣，对酌不能罢。烟暝栖乌还，余将归白社。"盛夏之日，孟浩然受邀来到包融家中做客，包融家似乎在远离闹市的山野之中，与他有来往的人大多是儒雅之士。风物潇洒，竹林成荫，孟浩然与包融等人解开衣襟欢饮为乐，谈笑生风，直到月亮高升，万籁俱寂之时才兴尽而归。在盛唐时期，孟浩然是著名的隐居之人，像李白那样桀骜的人都对他青睐有加，写下"吾爱孟夫子，风流天下闻"的诗句，而孟浩然竟然与包融有着亲密的朋友关系，可见包融本身也是一个不落流俗的风雅人物。

同属于"吴中四士"，张若虚、包融是当时著名的诗人，贺知章与张旭是诗人、也是书法家，他们四人名扬长安，韩国著名唐诗研究学者柳晟俊在《唐史论考》中说："四士诗为盛唐之先驱，其诗尽力排除齐梁风之余响，特贺知章奉制作表现出忧国忠心，然而其内面充溢人性本然之真骨。包融之清逸出众超乎他作，如《阮公啸台》《武陵桃源》。张旭诗中有画，诗之艺术应当为盛唐王维之本源，张若虚只有二首，其中《春江花月夜》最为脍炙人口，字字有情，炼成一片奇

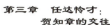

光，分合不得，真化工手笔。"这段话简明扼要地指出以贺知章为首的吴中四士对于初唐诗坛的意义。梁启超在《中国地理大势论》中说："自唐以前，于诗于文于赋，皆南北为家教。长城饮马，河梁携手，北人之气概也；江南草长，洞庭始波，南人之情怀也。散文之长江大河一泻千里者，北人为优；骈文之镂云刻月善移我情者，南人为优。盖文章根于性灵，其受四围社会影响特甚焉。自后也交通益盛，文人墨客，大率足迹走天下，其界也浸微矣。"吴中四士轻狂的个性之中包含着特别的灵魂，在诗歌的创作过程中，将空灵与飘逸注入诗歌。张旭的诗句"旅人倚征棹，薄暮起劳歌。笑揽清溪月，清辉不厌多"，已经有了李白"俱怀逸兴壮思飞，欲上青天揽明月"中蕴含的浪漫情怀；贺知章的诗句"恭闻咏方叔，千载舞皇风"中包含的自信与豪情，也开启了边塞诗歌的雄壮与昂扬。

　　吴中四士作为一个群体，从时间上，跨越了武则天、中宗、睿宗直到开元初期，从空间上，他们携手从江南一隅走进长安。他们不但追求自由洒脱的独立人格，而且热爱清新明丽的自然山水，注重直率朴实的艺术表达，这个群体富有重要的诗史意义，标志着一个全新的诗歌时代已经到来。除了贺知章以外，张若虚、张旭、包融始终都没有取得很高的政治地位，而贺知章虽然在晚年地位尊荣，但是离国家政治权力的中心仍有不小的距离。尽管如此，这并不代表吴中四士在大唐的兴盛时期无足轻重，事实上，他们凭借自己的才华与能力，与盛唐诗人有着密切的关系。在文学上，他们是"初唐诗风"向"盛唐诗风"转折的过渡力量，以特别的风格，甚至"孤篇横绝"的气势，为盛唐的大气盛放做了良好的铺垫，体现了吴越文化的魅力，让唐朝的文化更加丰富绚烂起来。贺知章是吴中四士的代表人物，他身上独特的人格魅力、在诗歌艺术上的才华，对当时的主流文化产生了一定的冲击，进而成为盛唐文化的代表人物。

桃李春风为谁容：贺知章

活动思考

1.查阅资料寻找与"吴中四士"有关的作品，和同学们一起欣赏。

2.吴越地区人杰地灵，请列举几个你了解到的吴越地区的著名人物。

知识拓展

交 游

在封建时代的文人生活中，"交游"是一个非常重要的名词。自春秋战国开始，文人的交游就成为圣人先贤们关注和讨论的问题，在最初，可能是因为文人们通过游说来表明自己的观点，从而得到君王、公卿的接受和认可，也因此催生出一些有趣的故事，产生了许多交游原则。《荀子·君道》中有言："其交游也，缘类而有义。"这说的是人们之间的交游，最后能够走到一起是因为志同道合。《管子·权修》中也说："观其交游，则其贤不肖可察也。"意思是从一个人交游的情况，就能够了解他到底具备怎样的品性。从这两则先训中可以看出，当时交游的概念基本相当于现在的交朋友，而没有其他的利益因素。到了唐代，经历了数百年的混乱之后，各项制度开始重新建立，社会慢慢稳定下来，与文人命运相关的选官制度——科举制度，也在不断发展。在这样的背景之下，交游的方式开始转变，以更广泛和更深入的方式，与科举选官产生更为紧密的联系，成为文人士子生活中不可或缺的重要因素。

第五节　饮中八仙

在古代的交游宴会中，一定少不了的东西就是酒，人们经常通过酒结交好友，抒发感情。

《旧唐书》有记载："（贺知章）性放旷，善谈笑，当时贤达皆倾慕之。"千百年来，对于青年士人来说，被人看不起从来都是最刻骨铭心的耻辱，但贺知章性格豁达，在他这里，年轻人从来不会遇到在气势上受压迫的情况。除此之外，许多喜爱文艺的皇亲贵族也喜欢将贺知章奉为座上宾，就这样，在贺知章的周围，聚集了越来越多的贤达之士，有的人出口成章，有作诗写文章的才华；有的人能挥毫泼墨，擅长书法绘画；还有一些人可以和贺知章谈论修仙问道，一起探讨哲学问题。以上这些情况都说明，贺知章除了有着诗文方面的才气、较高的官阶地位，他还具有强烈的人格魅力。贺知章在与众多文人士子交往的过程中，一定少不了的一样东西就是酒，因为酒，他还被后世津津乐道，并被列入"饮中八仙"。

《新唐书》有记载，李白、贺知章、李适之、汝阳王李琎、崔宗之、苏晋、张旭、焦遂为"酒中八仙人"。贺知章与这些人都有着非同一般的交情，"饮中八仙"作为一个群体，他们普遍具有的是狂放不羁、豪放开阔的精神内核。关于"饮中八仙"，到底在什么时候开始有这样的说法，并没有确切的记载，或许是在贺知章的引领下，人们提出的一种约定俗成的说法。不过，杜甫作的这首

桃李春风为谁容：贺知章

《饮中八仙歌》，让世人正式认识和了解了这个文人团体。诗歌如下：

知章骑马似乘船，眼花落井水底眠。

汝阳三斗始朝天，道逢曲车口流涎，恨不移封向酒泉。

左相日兴费万钱，饮如长鲸吸百川，衔杯乐圣称世贤。

宗之潇洒美少年，举觞白眼望青天，皎如玉树临风前。

苏晋长斋绣佛前，醉中往往爱逃禅。

李白一斗诗百篇，长安市上酒家眠。天子呼来不上船，自称臣是酒中仙。

张旭三杯草圣传，脱帽露顶王公前，挥毫落纸如云烟。

焦遂五斗方卓然，高谈雄辨惊四筵。

这是一首别具一格，富有特色的"肖像诗"，诗中的八位酒仙在长安，处于开元盛世，在爱好饮酒、豪放旷达这些方面极为相似，诗歌无论是取材还是描述的细节，显然来自他们多次宴饮的具体情况。杜甫作为与这些人交游过的诗人之一，他认为自己不具有这八个人的气质。带着倾慕之情，杜甫以简练的语言对这些人物进行刻画，将他们写进一首诗里，用文字构成一幅栩栩如生的群像图。这八仙的宴饮自然不只限于重要的节日，而是一种生活的常态，是朋友聚会的必要方式。以"八仙"为代表的诗人文士觥筹交错，高谈阔论，从诗歌文学到政事家国无所不谈，与儒家传统士人在交谈时正襟危坐的情景完全不同，他们在言行中透露出的是豪言壮志，是只属于盛唐的气息。

"八仙"中的领袖人物自然是贺知章，而且他是当中最年长、最德高望重的一位，诗中说他喝醉酒后，骑马的姿态就像乘船那样摇来晃去，醉眼蒙眬，一个不小心，眼花缭乱，就跌进井里，而贺知章竟然直接在井里沉沉睡去。在杜甫写作这首诗时，贺知章已经年过八十，这显然是对贺知章的形象进行了一些夸张的描写。这个夸张的源头大概是竹林七贤之一的阮咸，相传阮咸曾经喝得酩酊大醉，骑在马上摇摇欲坠，身边经过的人都感慨"个老子如乘船游波浪中"。杜甫在这里用这个具有传奇色彩的典故，写贺知章酒后骑马的醉态，向读者传达着一种滑稽与欢快的感情，惟妙惟肖地表现了贺知章不拘小节的性格特征。

贺知章是好酒之人，与他有关的记载大多数也都与酒有关，因为有酒，他找到了一个舒适放松的桃源。《旧唐书·贺知章传》中记载：贺知章"醉后属词，动成卷轴，文不加点，咸有可观，又善草隶书，好事者供其笺翰，每纸不过数十字，共传宝之"。《宣和书谱》中也记载他"及于怪逸，尤见真率"。《宣和书谱》中还说贺知章在写字前如果喝过酒，便"卒然便就，行草相间，时及怪逸。往往自以为奇，便醒而复书，未必尔也"，这就是说贺知章在醉酒之后仿佛获得了天地灵气，笔下的字也都成了神品，如果是等他醒酒之后

三　相关史事

竹林七贤是指魏末晋初的七位名士：阮籍、嵇康、山涛、刘伶、阮咸、向秀、王戎。活动区域在当时的山阳县。《晋书·嵇康传》：嵇康居山阳，"所与神交者惟陈留阮籍、河内山涛，豫其流者河内向秀、沛国刘伶、籍兄子咸、琅琊王戎，遂为竹林之游，世所谓'竹林七贤'也"。

《晋书》记竹林七贤事

再写，就怎么也达不到喝醉时的水平了。这和王羲之写《兰亭序》一样，酒醒以后写了许多遍，也不如醉酒时写得好。宽松的文化氛围，能让文人自由抒发他们的心灵感受，从而赋予了盛唐文化率真放达的气质，更把中国古典文

桃李春风为谁容：贺知章
TAOLI CHUNFENG WEI SHUI RONG HEZHIZHANG

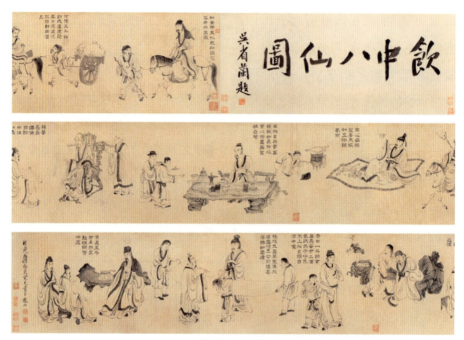

《饮中八仙图》

化艺术推向了鼎盛时期。

　　杜甫的《遣兴五首》（其四）中写道："贺公雅吴语，在位常清狂。"杜甫在开元年间与贺知章相识，已经须发尽白的贺知章仍然满口的乡音，说话时还是清狂的模样，丝毫没有因为是前辈而显得高高在上。贺知章为人狂放真诚，这种性格让他结交了一大批优秀的文人学者。对于官职的起落，他并不在意，反而把饮酒交游作为他生命中最重要的事情，他平易近人的性格都在这个过程中得到体现。贺知章的酒仙形象，我们可以在李白与杜甫的诗中找到，在其他人的作品中也可以看到，唐虚中在《经贺监旧居》中写道："道装汀鹤识，春醉钓人扶。"温庭筠的《秘书省有贺知章草题诗》写道："越溪渔客贺知章，任达怜才爱酒狂。"宋代楼钥作《题贺监像》："金龟换酒今何在？相对画图如有神。"明代冯兀仲也有《赠逸老贺公》："金题来仙作记，黄冠归去酒沾巾。"

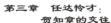

陆德渐在《赠贺秘监》中写道："披来野服岚烟湿，卸却金貂酒市亲。"清代周原作《一曲亭》："酒醉寻诗艇，花开种药栏。"童震有《贺秘监》："对月开金樽，登山拾瑶草。"叶敬直接以"贺知章"为题写道："纵情酤曲蘖，清谈祛鄙吝。"平步青同样写《贺知章》："千秋湖畔宅，一曲醉中人。"从这些诗句中可以看出，贺知章与酒之间建立的联系已经成为一个文化符号，成为他的生命中不可或缺的重要元素。

酒为贺知章提供了一个自由的空间，

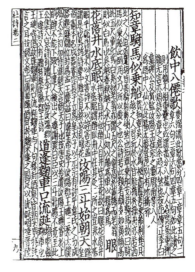

《杜工部草堂史笺》饮中八仙歌

相关史事

李琎所撰元大谦墓志、元大谦之妻罗婉顺墓志及元大谦之侄元自觉之墓志，系2020年新见的唐代皇室成员的文学作品，其内容填补了李宪妻族的相关情况，有益于唐代正史、文学史的研究。其中《罗婉顺墓志》书丹者为颜真卿，被考古队认为是截至出土时为止，国内唯一经由科学考古发掘出土的颜真卿早年书法。

李琎像

李琎撰、颜真卿书《罗婉顺墓志》

桃李春风为谁容:贺知章
TAOLI CHUNFENG WEI SHUI RONG HEZHIZHANG

贺知章和他的朋友们也对诗酒文化进行了发展。贺知章和他的朋友们一起饮酒,看似与魏晋名士相同,事实上,他们不断通过自己的方式对饮酒文化进行了改造,不只是让酒具、行酒令更加精美文雅,他们还将自己的内心世界投注在酒中,他们的诗歌提升了酒的文化内涵。贺知章作为这个团体中最年长的一位,是"饮中八仙"的核心和领导人物,他自己享受这种诗酒的氛围,也以更热心的态度去结交,去提拔与自己志同道合的后辈们。

汝阳王李琎也是贺知章的好友,李琎的父亲是唐玄宗的长兄李宪,他又是家中的长子,因此李琎还是唐睿宗的嫡孙,唐玄宗的侄子。这位汝阳王从小长得好看,而且机敏聪明,因而小名叫花奴,他非常喜欢音乐,擅长羯鼓等乐器。而唐玄宗恰好热爱音乐,而且具备相当高的音乐才华,所以他对李琎十分宠爱,还经常亲自教他音律,杜甫就曾在《赠太子太师汝阳郡王琎》中用"主恩视遇频""倍比骨肉亲"等诗句来描述唐玄宗与李琎之间的叔侄之情。传说李琎平时喜欢佩戴砑绢帽,就是用砑光绢制成的一种非常光滑的舞帽。有一次,唐玄宗找李琎陪他一起游玩,摘下一朵红槿放在李琎的帽子上,因为帽子光滑,花朵只能勉强停留在上面。没想到这个时候,李琎即兴演奏了一曲《舞山香》,曲子结束了花朵还没有落下,所谓"山峰取不动,雨点取碎急"。唐玄宗大喜,对他夸赞道:"花奴姿质明莹,肌发光细,非人间人,必神仙谪堕也。"从这段小事中,我们可以看出李琎受到的宠爱,也因为这样,他才有胆量饮酒三斗才上朝拜见天子。杜甫对李琎嗜酒的描写十分与众不同,说他在路上看到装有酒水的车子竟然流起口水来,恨不得要把自己的封地迁到酒泉(今属甘肃)去。相传酒泉"城下有金泉,泉味如酒",因此才得名为"酒泉"。李琎身为皇亲国戚,有资格获得封地,因此,杜甫在诗中发挥想象,写李琎因为好酒产生迁移封地的念头。

李琎爱好文艺,不喜欢政治和权力,这也是唐玄宗能够毫不保留地宠爱

他、对他封赏的原因之一。做了这种选择，李琎的人生概括起来就是"富贵闲人"。他生活中的乐趣就是结交朝廷内外的各种文人雅士，他本身性格率直，像贺知章这样博学多才又性格洒脱的人，自然是李琎的座上宾，虽然李琎是皇亲国戚，但是两个人都是不受拘束的文人，完全不在乎这些繁文缛节，反而因为贺知章最为年长，李琎对贺知章敬爱有加。以李琎与贺知章的身份，算是在朝中能够"说得上话"的人物，因此许多人纷纷找门路，希望自己能够参加李琎与贺知章的宴席，进而得到被举荐的机会。当时已经过了而立之年，却还没有取得功名的杜甫也在这个行列，他抱着真诚的态度与李琎、贺知章等属于这个圈子的人物结交，并写下数篇诗文。杜甫曾作《赠特进汝阳王二十二韵》给李琎，诗文如下：

> 特进群公表，天人夙德升。
>
> 霜蹄千里骏，风翮九霄鹏。
>
> 服礼求毫发，惟忠忘寝兴。
>
> 圣情常有眷，朝退若无凭。
>
> 仙醴来浮蚁，奇毛或赐鹰。
>
> 清关尘不杂，中使日相乘。
>
> 晚节嬉游简，平居孝义称。
>
> 自多亲棣萼，谁敢问山陵。
>
> 学业醇儒富，辞华哲匠能。
>
> 笔飞鸾耸立，章罢凤骞腾。
>
> 精理通谈笑，忘形向友朋。
>
> 寸长堪缱绻，一诺岂骄矜。
>
> 已忝归曹植，何如对李膺。
>
> 招要恩屡至，崇重力难胜。

桃李春风为谁容：贺知章

> 披雾初欢夕，高秋爽气澄。
>
> 樽罍临极浦，凫雁宿张灯。
>
> 花月穷游宴，炎天避郁蒸。
>
> 砚寒金井水，檐动玉壶冰。
>
> 瓢饮惟三径，岩栖在百层。
>
> 谬持蠡测海，况挹酒如渑。
>
> 鸿宝宁全秘，丹梯庶可凌。
>
> 淮王门有客，终不愧孙登。

　　杜甫赠予汝阳王的诗歌无一例外，都超过了百字，诗中极力赞颂李琎的德行，赞颂他身处高位却能礼贤下士，既讲述李琎给杜甫丰厚的礼遇，又点明感动歌颂的理由，也流露出杜甫赠诗的意图，就是希望汝阳王能够接纳自己，让他成为王府的门客。然而杜甫虽然背负一身才华，但是他的个性显然与李、贺二人不同，因此，杜甫收到的结果并不理想，但他留下了包括《饮中八仙歌》在内的多篇优秀作品，算是杜甫的另外一种收获。同时也能看出，李琎与贺知章等人组成的饮中八仙，看似是一个玩乐宴饮性质的松散组合，事实上并不是所有人都能进入这个圈子，无论是才华横溢的才子，还是位高权重的皇亲官吏，贺知章秉承着这独特的灵魂与追求，寻找着与他们有着共同精神追求和理想境界的人。

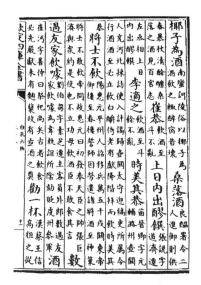

《白孔六贴》记李适之事

知识回顾

说一说：刺史的职责是什么？

　　饮中八仙中的第三个人物是李适之。和李琎一样，李适之也有着皇室背景，只不过，他的祖父是唐太宗的长子、废太子李承乾。虽然是一家人，却有着不同的生活处境，这也让李适之与李琎有着完全不同的人生态度，他怀着强烈的政治抱负，不甘心只做一个富贵闲人。李适之在唐中宗神龙年间被授予左卫郎将的职位，他先后担任过通州刺史、秦州都督、陕州刺史、河南尹等地方官职，无论担任哪种职位，李适之都尽心尽力，治理地方时通达开明，受到下属和当地百姓的爱戴，唐玄宗也对他赞许有加。开元二十四年（736），因为谷水、洛水年年泛滥，对生产和民生造成很大伤害，唐玄宗决定派李适之前去修筑堤防。李适之接到任务后对河水进行了仔细研究，经过精心的设计，在那里修筑了上阳、积翠、月陂三座堤坝，成功治理了泛滥的水患。唐玄宗听到消息后十分高兴，立刻找人为李适之立碑记功，永王李璘亲自书写碑文，当时的皇太子李瑛为他写碑额，李适之本人也因此被提拔为御史大夫。

　　三年以后，李适之又兼任幽州大都督府长史，并代理节度使事务。此时，唐玄宗对他有着很高的信任，他向唐玄宗上书，请求将祖父李承乾与父亲李象改葬到昭陵，唐玄宗同意了他的请求，追赠李承乾为恒山愍王，李象等人也得到了追赠。这让李适之对唐玄宗非常感激，一心要在朝堂中干出一番事业。

　　天宝元年（742），唐玄宗任命李适之为左相，并兼任兵部尚书，李适之认为发挥才能的时候终于到来了。他雄心勃勃，提出了国家的许多弊病，一心要成为姚崇、宋璟那样的贤相。李适之有很强的治国才能，在性格上不拘小节，却因为心中没有城府，常常被李林甫埋下陷阱。一次，李林甫假装无意间对李适之说："华山藏有大量的金矿，开采便可以富国，可惜皇上还不知道。"李适之信以为真，后来在上朝时，将开采金矿的事情上报给唐玄宗，唐玄宗立即又询问李林甫。没想到李林甫却说："这件事情臣早就知道，但是

桃李春风为谁容：贺知章

TAOLI CHUNFENG WEI SHUI RONG HEZHIZHANG

华山是大唐和陛下的本命山，是王气所在，我认为不宜开凿，于是就没有提及。"唐玄宗听了果然觉得有道理，认为李适之做事考虑不周，对他说："以后有事上奏，要先与李林甫商议。"从此，唐玄宗不再完全信任李适之，甚至对他渐渐疏远。

贺知章与李适之同朝为官，对他的烦闷和压力表示非常理解。幸运的是，李适之也喜欢用酒排忧解难，和贺知章一样喜欢结交宾客，常常和他们饮酒作乐。一开始经常有人担心他因为喝酒影响政事，但是李适之却能按时上朝，白天处理政务，有条不紊，丝毫见不到劳累的迹象。在《饮中八仙歌》中，杜甫说李适之饮酒日费万钱，酒量有如鲸鱼吞吐百川之水，以此表现他的豪情万丈，同时也表明李适之生活豪华奢侈。然而好景不长，不过五年的时间，李适之被李林甫陷害免去丞相官职。他在家里宴请朋友时，虽然还是很有兴致，但还是忍不住想要通过诗歌抒发内心的郁闷："避贤初罢相，乐圣且衔杯，为问门前客，今朝几个来？""乐圣"的意思是喜欢喝清酒，而"避贤"是不喝浊酒。他用清酒来代指自身的高洁，用浊酒讽刺李林甫的污浊。就在这次宴饮之后，李林甫再次上奏诬告李适之与他人结党营私，这一次，李适之被贬为宜春太守，与他相关的人物也都被贬到偏远之地。但是这仍然不是李林甫的最终目的，他又派罗希奭将被贬的官员斩草除根，导致地方官员惶惶不安。罗希奭之后又前往宜春，李适之得到这个消息又惊又惧，

崔宗之像

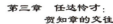

恐慌之下服毒自尽。贺知章的这位好友，因具有远大的政治抱负被重用，又因为卷入政治斗争去世。虽然他能和贺知章纵情诗酒，但最终因为权力争斗落得个悲惨结局。

贺知章进入官场，与"饮中八仙"中的两个人与有着渊源，这两个人就是崔宗之与苏晋。崔宗之的父亲名叫崔日用，而贺知章与崔日用、苏晋同时考入了进士。正如杜甫诗中说的那样，崔宗之倜傥洒脱，少年英俊。他饮酒时，高举酒杯，用白眼仰望青天，睥睨一切，旁若无人，在喝醉后，玉树临风，不能自持。这个"风流美少年"与白发苍苍的贺知章完全是两代人，被归到八仙之中，不禁让人感到好奇。事实上，虽然贺知章与崔日用年纪相当，但这两个人反

相关史事

崔宗之称为四仙："四仙宗之潇洒美少年，举觞白眼望青天，皎如玉树临风前。"

《分类补注李太白集》记饮中八仙事

而没有太过亲密的关系，崔日用善于钻营，喜欢结交有权势的人，在仕途上比贺知章要通达得多，在唐玄宗时获得了一定的地位。崔宗之身为崔日用的儿子，显然是一个富贵公子，在他父亲的帮助下曾担任左司郎中、侍御史，但是在个性上两个人完全不同，崔宗之不但不看重名利，反而性格豪爽放荡不羁，因此能够进入贺知章、李琎等人组成的文人团体。崔宗之在做官上没有达到他父亲的高度，还曾经被贬到金陵，但他并不以为意，经常在有兴致的时候去乘船赏月。平时除了和贺知章交游，崔宗之与李白也有着深厚的友谊，二人常常诗酒唱和，被后世传为美谈。

桃李春风为谁容：贺知章
TAOLI CHUNFENG WEI SHUI RONG HEZHIZHANG

另一位与贺知章为同榜进士的苏晋，在这个团体当中年龄也比较大。苏晋在年少时被誉为神童，年纪非常小的时候就能出口成章，还写出了《八卦论》。当时的吏部侍郎房颖叔、秘书少监王绍等看到苏晋写的文章，不禁感叹道："后来之王粲也。"他在考中进士之后，先后担任过中书舍人和崇文馆学士。在唐玄宗还是太子的时候，苏晋便深得他的信任，唐玄宗有事也常常与他商讨，等到唐玄宗继承皇位，苏晋也得到了封赏。苏晋与贺知章的人生经历有很多相似的地方，除了为同榜进士，他们担任的官职都与礼仪和文教相关，而且都被唐玄宗敬重信任。苏晋本身的性格也与贺知章非常契合，有着率真生动的一面。他信仰佛教，一心向禅，长期斋戒，但同时又对酒情有独钟，常常喝得酩酊大醉。佛教的斋戒与喝酒不能共存，在日常生活中，苏晋一直处于是"斋"还是"醉"的矛盾之中，但结果基本都是后者取得胜利，"酒"战胜了"佛"。因此，杜甫在诗中以"醉中爱逃禅"来形容苏晋，表现了他在诗酒之中的放纵和无所顾忌。

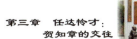

　　盛唐对于李白，可以说是时势造英雄，盛唐豪阔张扬的氛围催生了李白这位神仙人物，他如阳光般灿烂，因为李白的存在，盛唐被增添了绚烂多姿的风采。在隋朝末年，李白的先祖来到中亚的碎叶城（今属吉尔吉斯斯坦），李白也在这里出生，后来他的家人在唐中宗时搬迁到蜀中，所以李白小时候是在蜀中度过的。他在年少时就表现出了过人的才华，志向高远，有着超脱世俗的想法。十岁时就博览群书，诸子百家，无所不包，因此被称为天才。李白不仅有着高超的智商，长得也是高大俊朗，玉树临风，他又爱好谈论神仙、练习剑术，生性喜欢打抱不平，有着侠客般的仗义之心。李白的家境十分优渥，但是他却不看重钱财，经常帮助有困难的人。在李白的生命中，诗与酒是两个至为重要的主题，因为有酒，他潇洒浪漫的个性更有光芒，无论是与亲朋知己聚会的时候，还是在求取功名的路上，酒都是他最好的陪伴。除去"举杯邀明月，对影成三人""兰陵美酒郁金香，玉碗盛来琥珀光""青天有月来几时，我今停杯一问之"等与酒相关的千古名句，李白还写过一首《月下独酌（其二）》："天若不爱酒，酒星不在天。地若不爱酒，地应无酒泉。天地既爱酒，爱酒不愧天。已闻清比圣，复道浊如贤。贤圣既已饮，何必求神仙。三杯通大道，一斗合自然。但得酒中趣，勿为醒者传。"从写作艺术上看，这首诗只能算李白诗作中的末流，但整篇内容都是在说酒，几乎可以算得上是他对酒"爱的表白"，天地之间只有酒是他的至爱，饮酒能让人明白道法自然，犹如遁入神仙之境。再看李白写的《将进酒》：

　　君不见黄河之水天上来，奔流到海不复回。

　　君不见高堂明镜悲白发，朝如青丝暮成雪。

　　人生得意须尽欢，莫使金樽空对月。

　　天生我材必有用，千金散尽还复来。

　　烹羊宰牛且为乐，会须一饮三百杯。

桃李春风为谁容：贺知章
TAOLI CHUNFENG WEI SHUI RONG HEZHIZHANG

岑夫子，丹丘生，将进酒，杯莫停。

与君歌一曲，请君为我侧耳听。

钟鼓馔玉不足贵，但愿长醉不复醒。

古来圣贤皆寂寞，唯有饮者留其名。

陈王昔时宴平乐，斗酒十千恣欢谑。

主人何为言少钱，径须酤取对君酌。

五花马，千金裘，呼儿将出换美酒，与尔同销万古愁。

明清之际的学者徐增在其《而庵说唐诗》中评价这首诗时说："太白此歌，最为豪放，才气千古无双。"确实如此，诗中有李白对怀才不遇的感叹，有乐观、通达的情怀，又有人生短暂应当及时行乐的态度，李白的浪漫通过这首诗向人们展现出来，洋溢着热烈的情感。

酒与张旭，就像是酒与李白，酒与艺术的融合成为他们作品中独特而和谐的一部分。高适在《醉后赠张旭》中说："兴来书自圣，醉后语尤颠。"张旭的狂草，笔法是出自天性，宛若天成。《肚痛帖》是张旭狂草的代表作之一，此帖写得纵横飞扬，灵动跳跃，犹如灵兔在纸上奔走，张狂的笔法让字形结构动荡，但整体看去却又非常平稳。而《古诗四帖》有着崭新、高美的形式，书法中带有的巨大气魄，让人有着雄伟壮阔的感觉。当这些作品展现在我们面前，不少人不由得感叹张旭书法中带有的艺术的张力，并被他身上那种天才般的能力折服。曾有学者说："在中国文化体系之内，张旭在大醉后作书的故事不会让我们感到奇怪，但是如果放眼纵观世界的造型艺术史，我们就不得不认为这是稀有的奇迹了。这奇迹包含两端：一是他的醉，一是他的当众表演。在欧洲艺术史中似乎只听说有诗人醉，不曾听到有画家、雕刻家乘醉创作的。"在张旭这里，酒被他很好地利用了，它不再仅仅是用来挥霍消愁、麻醉自我的工具，而且是激发张旭创造力的关键因素，因为有酒，张旭身体里潜在的艺术因子都迸发出来。张旭的书法远超前代，作品中的博大精深和纵逸豪放，在后代也没有人能够比肩。张旭将人生比作水上浮萍，讲求在半醉半醒之间及时行乐，他不屑于追求功名利禄，后来他只能过着漂泊不定的贫寒生活，他的一生都在追求诗酒与道法丹书的过程中度过。他的行为方式和狂放的个性带着浓厚的魏晋遗风，让人神往，就好像李白的诗歌，其中包含的都是属于那个时代的特征，是构成盛唐的一个重要因子。

《甘泽谣》记焦遂事

　　焦遂是"饮中八仙"中一个比较特殊的存在。八仙之中的七人都是朝廷命官，地位都比较尊荣，只有焦遂一人为普通百姓。因此，我们在史书上很难

饮中八仙浮雕（知章公园内）

桃李春风为谁容：贺知章
TAOLI CHUNFENG WEI SHUI RONG HEZHIZHANG

找到焦遂的身影，只有在唐代袁郊撰写的传奇小说《甘泽谣》中提到过他的身份。杜甫在诗中描写焦遂是"五斗方卓然，高谈阔论惊四筵"，一方面写出焦遂酒量惊人；另一方面也能看出，虽然焦遂身份是平民，但能够在贺知章等人面前高谈阔论，而且可以语惊四座，他的才学气度一定是普通人比不上的。

从焦遂这里可以想象，贺知章有着很广的交游范围，而且在交游标准上不拘小节。以贺知章为首的"饮中八仙"这个群体，展示了当时诗人志向远大、潇洒自由的风采。诗人们大多具有积极向上的人生观，他们乐观豪放，在政治上都有抱负和期望，关心国事民生，渴望建功立业、有所作为。总之，这是一个带有浪漫情调，敢于追求自我的时代，他们是高谈阔论的帝王师，超凡脱俗的仙客，任性浪漫的游侠，笑傲山林的隐士。他们指点江山，激扬文字，以拯救天下为己任。即使这些人在仕途上并非一帆风顺，甚至远离权力中心，但是从他们的诗歌中，我们依然能够感受到希望和自信的力量，这种特质与其他看重仕途的诗人完全不同。被列为"饮中八仙"的人物，每个人都与贺知章有着深厚的情谊，他们的存在最能体现盛唐文化繁荣、经济发达、励精图治、奋发向上的社会精神，他们一起，成为那个时代的文化符号。

活动思考

1."饮中八仙"的每一个人都有着自己的个性特质，请你和身边的人分享他们的故事。

2."饮中八仙"的代表作都是优秀的作品，请你查阅资料摘录自己喜欢的诗歌。

 **知识拓展**

诗酒文化

中国历史上有着深厚的诗酒文化传统，从先秦时代起，酒与文学就结下了不解之缘。《诗经》和《楚辞》是先秦的两座诗歌高峰，在《诗经·大雅·既醉》中记载"既醉以酒，既饱以德。君子万年，介尔景福"，将饮酒与祭祀这样重要的场合联系起来；而《诗经·小雅·宾筵》中还通过描述宴饮的场面，批评各种酒后失仪的行为，去规范饮酒礼仪。由此可见，在当时，饮酒是宴饮活动中的重要组成部分，也是一种高雅的行为。屈原在《九歌·东君》中写有"援北斗兮酌桂浆"，其中蕴含着和后世文人饮酒几乎一致的心理过程。秦汉时期，饮酒逐渐开始和吟诗作赋建立起紧密的联系，文人们常常用酒激发创作诗歌的热情，也借酒抒发内心难以排解的忧郁。曹操在《短歌行》中说"何以解忧，唯有杜康"，而在刘伶、阮籍、王羲之等魏晋名士的生活中，酒已经成为他们生命的一部分，他们的魏晋风度、人物品格都在与诗和酒的交流中体现。在正式的场合，他们通过流觞曲水等方式优雅地饮酒赋诗；在私人的场合，他们可以在庭院中、竹林里或躺或卧，饮酒赋诗，高歌谈笑。如果没有酒，竹林七贤几乎完全失去了他们的精神品格；如果没有酒，我们或许也难以见到像阮籍的《咏怀》、王羲之的《兰亭集序》这样优秀的作品。到了唐代，在昂扬向上和开放大气的国家环境中，与酒相关的词在唐诗中不断涌现，酒旗、酒肆、温酒、独酌、对饮、酩酊、醉舞、醉卧、醉眠……类似的词语大量出现在诗人们的作品当中。文人、诗歌、美酒成为紧密结合的共同体，有酒不能无诗，有诗不能无酒，诗酒文化又进一步与当时的交游文化相结合，成为唐代文坛的常态。而"饮中八仙"作为诗酒文化和唐代社会风貌的一个标志性的符号，在当时和后世都有着重要的影响和意义。

第四章 桃李春风：贺知章诗文

贺知章是以诗人的身份被世人熟知，单凭《咏柳》与《回乡偶书》这两首诗，他就有资格入选唐代最优秀的诗人之列。如果把贺知章放在唐代诗歌发展的轨迹上，我们就可以看出，他的关键词是"承前启后"，正是以贺知章或者说"吴中四士"为分界点，唐代诗歌被分为了初唐诗和盛唐诗。

第一节 《咏 柳》

咏 柳

碧玉妆成一树高,万条垂下绿丝绦。

不知细叶谁裁出,二月春风似剪刀。

　　贺知章文采斐然,能够出口成章,也因为洒脱的个性,许多诗歌甚至没有被记载流传下来。我们以他最著名的咏物诗《咏柳》为例,柳树在诗歌中本来是一个常见的吟咏对象,比如六朝诗人何逊也有《咏柳》:"秋霜常振叶,春露讵濡根。朝作离蝉宇,暮成宿鸟园。"其中表达出来的是一种柔弱的悲情。而贺知章描绘出来的是柳树的勃勃生机,他用"碧玉"来形容柳树翠绿晶莹,用美好的色彩将柳树的外在特征展现出来。他把柳树比喻成一位刚刚装扮过的美人,但这位美人却没有媚态,"一树高"的形容,让诗中的柳树带了一丝英气,完全没有娇弱的气质。"万条垂下绿丝绦"是写柳枝垂下像是

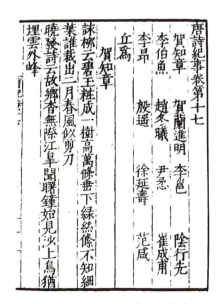

《唐诗纪事》录贺知章《咏柳》诗

桃李春风为谁容:贺知章
TAOLI CHUNFENG WEI SHUI RONG HEZHIZHANG

千万条美丽的丝带,突出了柳条的轻盈。而最后两句"不知细叶谁裁出？二月春风似剪刀"在一问一答中别出心裁,无形且不可捉摸的春风就像一把"剪刀",慢慢地把柳树装点起来,形象生动地体现了大自然的活力,赞颂了春天的同时,也让整首诗充满了昂扬向上的精神。这首诗将柳树独特的外在鲜明地表现出来,简单明了,但又向读者展示出美感。透过贺知章的这一首《咏柳》,我们大约可以猜测,这种清新自然的写作风格意味着一种新变化,对当时的文坛来说是一种冲击,更是对文学审美的丰富与补充。从初唐到盛唐,文学艺术在向前发展的道路上,因为有了贺知章和其他吴越诗人,又迈出了坚实的一步。

 活动思考

1.王勃、杨炯、卢照邻和骆宾王被称为"初唐四杰",搜集他们的作品并试着领略诗句中抒发的昂扬向上的情感。

2.请你在假期里和家人到公园或野外走一走,去感受大自然的魅力。

 知识拓展

唐诗新变

在唐代时为什么会在诗歌领域开启新变的呢？要理解这个问题，我们首先要了解当时唐代诗坛的情况。齐梁遗风，是初唐诗坛的一个重要名词，它代表的是南朝齐梁以来形成的一种诗歌风格，这种风格注重音律的精细、对偶的工整和辞藻的华丽，内容大多是风云月等景物，或者细腻哀怨的情感，整体上呈现出刻意雕琢、浮夸艳丽的特征，在历史上，人们常说的"亡国之音"就与这种诗风有很大关系。大唐通过武力统一天下，在它面前，这些诗歌显得很不符合时代要求，于是在外界环境的推动下，唐代诗歌迎来了一场持久的变革。首先是王勃、杨炯、卢照邻和骆宾王作为"初唐四杰"步入诗坛，这些青春焕发、激情洋溢的年轻人出现后，开始抛弃齐梁诗歌的风格，诗歌的内容不再是宫廷的亭台楼阁，而是将视线放到更为广阔的世界中，普通人的生活场景与大自然的景物，无论是市井小巷还是山川大漠，都是诗人们创作时最好的素材。贺知章处于唐诗变革的时代，时代和诗歌都在等待着新诗人的诞生。贺知章与张若虚、张旭、包融等诗人，在这个时期起着承先启后的作用，成为"初唐四杰"之后唐诗革新运动中的重要人物。

第二节 《回乡偶书》

回乡偶书

其一

少小离家老大回,乡音无改鬓毛衰。

儿童相见不相识,笑问客从何处来。

其二

离别家乡岁月多,归来人事半消磨。

唯有门前鉴湖水,春风不减旧时波。

《回乡偶书》算是贺知章代表作,文字朴实,却又能让人感受到情真意切。天宝三年(744),八十六岁高龄的贺知章辞官回家,已经是垂垂老人的他与唐玄宗告别,得到了唐玄宗写的送别诗,这在当时可是不折不扣的衣锦还乡,不过在贺知章心中,已经丝毫不在乎这些外在的东西。他上一次见到家乡,已经是五十多年前的事情了,几十年都没有再见过自己的家乡,他觉得那里早已不是记忆中的样子,贺知章心中感慨时间流逝,在复杂的情绪中写下《回乡偶书二首》。

时间流转,即便时间过了上千年,这两首诗依旧被无数人吟诵。因为诗句生动简洁,不少人在很小的时候就会背诵,远离家乡的那些人有时也会想起这两首诗。诗句虽然简单,却蕴含着真切的感情,那种物是人非的情绪,通过短短的几行字淋漓尽致地表达出来。其中除了有近乡情怯的矛盾，还存在着一种若有若无的哀伤。哪怕是文化水平不高的读者，在读到这首诗时也能很好地理解，不需

《回乡偶书》雕塑（湘湖湖山广场）

要他人额外解释，更不需要去了解背后的典故。贺知章只运用通俗大众化的词语，就将思乡之情这一主题传达给读者，生动而又深刻。

　　第一首诗大概是在贺知章刚刚到达家乡时创作的，尽管年事已高，但他迫切地想要看看家乡的模样。《唐诗品汇》评价这首诗是"说透人情之的"，《唐诗解》说这首诗"摹写久客之感，最为真切"。这些评价都肯定了贺知章这两首诗的立意，诗句对人情与现实的描述是那么精准、那么透彻。"少小离家老大回"概括了贺知章几十年远离家乡的人生经历，"老大"两个字又包含黯然神伤的情感。贺知章虽然远离家乡，但是至今还带着家乡的口音，在感叹时光飞逝的同时，还体现他对家乡抱有深厚的情感。"笑问客从何处来"成为这首诗的转折，上一句还是一幅充满感慨的自画像，紧接着转到一个充满戏剧性的场面，让人禁不住笑出来。但是在贺知章看来，这是对他本人的重重一击，他当时已经年迈体弱，再加上对家乡有了陌生的感觉，在这看似平淡的疑问中隐藏着他深深的无奈。宋代范晞文在《对床夜语》中说："杨衡诗云：'正是忆山时，复送归山客。'张籍云：'长因送人处，忆得别家时。'卢象《还家》诗

桃李春风为谁容：贺知章
TAOLI CHUNFENG WEI SHUI RONG HEZHIZHANG

云："'小弟更孩幼，归来不相识。'贺知章云：'儿童相见不相识，笑问客从何处来。'语益换而益佳，善脱胎者宜参之。"这段话是说，贺知章《回乡偶书》中用的语言比其他几位诗人的都要简单，但是在传达感情方面明显要更好一点。长年远离家乡，却没有忘记家乡的语言，小孩子天真烂漫的语言，更能让人体会到浓厚真挚的乡愁，反衬出诗人已经多年没有回家的悲情。然而有问却没有答，全诗在这里戛然而止，弦外之音却像空谷传响，余韵悠长。

　　《回乡偶书》的第二首诗，是写贺知章回到故乡后看到的景象，这些景色让他有一种恍惚的错觉，明明已经过去了几十年，镜湖的水却一如既往地在春风中泛着波澜。贺知章在镜湖旁边感叹，这么多年过去了，无论是人还是家乡的事物都有了很大变化。但是后面又写下"唯有门前镜湖水，春风不改旧时波"，诗人用"不改"对应上一句的"半消磨"，用"唯有"进一步强调，除了镜湖以外，以前他所熟悉的人或者事物，几乎都已经发生了改变。从直接抒发情感转到写景议论，仿佛天马行空不着边际，实际上是贺知章再一次使用反衬的手法，从反面加强了他要表达的感情。湖水没有改变，其他的却不再是原来的样子，比起当年，这里是那么的熟悉，而又那么的陌生。贺知章遥想当初离家时风华正茂，怀抱着对人生的期待；回家来面对的却是时过境迁，人事消磨，不禁心生感慨。这是五十多年的时间带来的改变，如今站在镜湖边，看镜湖水依旧像几十年前那样清澈，在春风的吹拂下，水波荡漾，波光粼粼，似乎又在昭示着自然万物的永恒。瞬息万变的人生与永恒不变的大自然，二者相互对比，让这首诗透出一种人力无法抗衡自然的宿命感，给读者带来一种沉重的伤感。

活动思考

1.《回乡偶书》这两首诗中都包含了作者对家乡的依恋之情，请你有感情地朗读并背诵。

2.你还知道哪些描写家乡的诗句，请一一列举出来。

 **知识拓展**

《回乡偶书》之评价

《古唐诗合解》评价贺知章的《回乡偶书》说："此作一气浑成，不假雕琢，兴之偶至，举笔疾书者。"《网师园唐诗笺》中评价说："情景宛然，纯乎天籁。"陆游说："文章本天成，妙手偶得之。"这些评价强调的重点，就是贺知章这些作品中包含的"真实"与"自然"。因为"真实"，其中的情感才动人，在千百年之后依然能够触人心弦；因为"自然"，这首诗才显得亲切，能够让人产生共鸣，直达人们的内心。《回乡偶书》的语言朴实无华，是源自生活，发于心底。《唐诗真趣编》中说："人皆知气象开展、音节洪亮为盛唐，不知盛唐中有如此淡瘦一种，却未尝不是高调。刘仲肩曰：朴实语，无限感慨。"这说出了在盛唐诗坛中，除了有大气开放的作品，还有简单质朴的诗篇，贺知章将自己饱满的情感注入作品，化繁为简，用自然的语言去创作，让盛唐诗歌更加充实，更加多姿多彩。贺知章无论是作为"吴中四士"的一员，还是作为一位个体诗人，从他主动摒弃齐梁诗风的角度来说，他都是唐代诗歌史上不可忽略、占有重要地位的伟大诗人之一。贺知章流传下来的诗歌，从数量上看虽然不多，但即便经过千年的淘洗，依然能散发出鲜活明丽的光彩，让一代又一代的后人吟咏赞叹。

第三节 《采莲曲》

采莲曲

稽山罢雾郁嵯峨,镜水无风也自波。

莫言春度芳菲尽,别有中流采芰荷。

    贺知章流传于世的作品不多,但在题材内容却丝毫不单调,反而在风格上显示出丰富多彩的特征。镜湖自古以来属于越地,贺知章长期受到家乡越地文化的感染,他在创作时也将浓厚的地域特色带入作品。初唐时,文学改

六月莲容

"反叛"，贺知章的诗歌带着独有的清丽之气，为唐代诗坛带来了新风貌。贺知章继承了齐梁诗歌的工整婉约，诗句用词却并不会让人感到浮华艳丽，有北方文学的气概，但并不粗浅。

《采莲曲》为乐府旧体，内容描写的是采莲女日常劳作的情形，属于江南一带的风光，无论从诗体还是题材上来说，这都是对齐梁诗风的继承。但一方面，贺知章的《采莲曲》为七言诗，在形式上对原来五言的乐府诗进行创新；另一方面，在内容上，贺知章也摆脱了齐梁诗风堆砌辞藻的特点。诗歌以"稽山罢雾郁嵯峨"开篇，写会稽山被雾气环绕，在云雾散尽以后露出了高大险峻的面目，从基调上就与齐梁旧诗拉开了差距，将采莲的背景放在自然天地当中，显得更为广阔。天气晴朗，四周无风，水面上却意外泛起淡淡的波纹，诗歌将巍峨的高山与碧波荡漾的湖水对比，形成一幅优美的越地风光。在这样的美景之中，即便春天将要过去，花朵快要凋零，在镜湖中还有菱角和莲子可以采摘，隐约可以见到人们劳作的身影。菱角与莲子，都是典型的越地景物，这些词语带有浓厚的地域风格，让诗歌笼罩上了一层柔和与清新。这首诗语言简单，通过描写镜湖周围的景物，将地域特点表现出来，展现出越地独有的生活方式。诗歌的主题写采莲，却没有将人们采莲的具体活动放到诗歌的明面，使得诗歌带有一种含蓄深沉的韵味，湖水动静对比之下显得情趣盎然。

 活动思考

　　唐诗在革新的过程中在不同的时期呈现出多样的风格，请你查阅资料，找出不同时期的作品体会它们在风格上的差异。

 **知识拓展**

武则天对艺术的重视

贺知章刚刚到达长安的时候,属于武则天统治时期,"君天下二十余年,当时公卿百辟,无不以文章,因循遐久,浸以成风",这句话是说,和唐高祖、唐太宗、唐高宗三人相比,武则天对文艺的爱好更为突出,例如天授二年(691),武则天任命一些官员巡视天下,他们出发的时候,武则天让百官写诗为他们送行,这些诗后来被编为《存抚集》,内容篇幅高达十卷,成为历史上第一个送别诗集,数量庞大的诗歌在质量上可能良莠不齐,不过也可以反映出当时参与作诗的人是非常多的,武则天对诗歌艺术也是十分看重。《新唐书·艺文志》还记载了"武后《垂拱集》一百卷,又《金轮集》十卷",可见武则天自己也很喜欢创作,作品更是非常丰富。因此,在武后统治时期,大唐文坛上涌现出了李峤、苏味道、崔融、杜审言、沈佺期、宋之问、杨炯、卢照邻、陈子昂等众多才华出众的文人,他们有的继承了齐梁诗风,作品细腻工整,有的已经开始突破前代诗歌的藩篱,开创出属于唐代诗歌的新意象与新风格。他们的努力使得诗歌的形式逐渐完善,诗歌的内容和精神也不断丰富起来。

第四节 《望人家桃李花》

望人家桃李花

山源夜雨度仙家，朝发东园桃李花。

桃花红兮李花白，照灼城隅复南陌。

南陌青楼十二重，春风桃李为谁容。

弃置千金轻不顾，踟蹰五马谢相逢。

徒言南国容华晚，遂叹西家飘落远。

的砾长奉明光殿，氛氲半入披香苑。

苑中珍木元自奇，黄金作叶白银枝。

千年万岁不凋落，还将桃李更相宜。

桃李从来露井傍，成蹊结影矜艳阳。

莫道春花不可树，会持仙实荐君王。

如果说《采莲曲》体现了江南文人内在的气质与情调，那么这首《望人家桃李花》就更能体现南北交融、从初唐向盛唐过渡时期的风格特点。

诗歌以桃李为描写对象，在传统诗歌中，"桃李"向来与"春色"联系紧密，这首诗虽然是在赞颂桃李，指出它们装点春天的美好，却另辟蹊径，没有直接写桃花李花艳丽的外表，而是将它们与那些珍贵的树木做比较，比起那些"黄金作叶、白银为枝"，外表富丽堂皇的树木，桃李却不挑剔生长环境，房前井旁

桃李春风为谁容：贺知章

贺知章艺术馆一角

也能长得很好，还会把美好的花和鲜甜的果实留给世人。贺知章以传统的歌行体歌颂普通的事物，从意象上，使桃李从齐梁诗歌的绮丽变得更加健康积极，在风格上，促进这一时期的诗歌创作走向昂扬向上。

江南文化在盛唐时期从隐没走向复兴，表示唐代正在建立属于自己的独特风格。贺知章作为"吴中四士"之一，以淡泊豁达的态度创作了一首首具有江南特色的诗歌。在唐代诗坛，江南文化与北方文化相互影响的同时，一方面促进了南北文学的融合，另一方面也成为唐代诗歌风格转变的关键。贺知章留下了宝贵的文化遗产，而他作为江南文人的一分子，也影响了初唐文学到盛唐文学的发展进程，成为唐代诗歌史上不可忽视的存在。

 活动思考

1.你还知道哪些描写风景的诗歌，请你默写下来与朋友分享。

2.各个地区都有着属于自己的独特的地域文化，请你和同学交流一下家乡的文化吧。

 知识拓展

唐代文化版块

唐代的文化版块如果按照地域划分，大致可以分为关中文化、山东文化和南方文化。关陇地区民风剽悍，这里的人大多具有粗犷之气，性情直率，勇武果敢；山东位于齐鲁大地，自古以来受到儒家文化的熏陶，重视道德和行为操守；而江南文化经历魏晋南北朝文化的洗礼，与当地的风土人情相互影响，表现出精致内秀的特点。在隋唐时期，和关陇、齐鲁地区相比，南方吴越地区几乎被完全排除在朝廷主要势力之外，因此吴越文化往往表现出一种淡泊的特征，充满书卷风流。贺知章离开湘湖前往长安时，唐朝建国已经有八十年之久，但吴越一带的文化依然没有被官方广泛接受，因此这一地区的文人也基本处在一个隐逸的状态，从"初唐四杰"到"文章四友"，除了骆宾王为婺州人，其余全部来自北方。自武则天主持中央政权之后，为了巩固自身实力，她一直致力于破除以关陇贵族为主导的传统体制，在政治上她处心积虑，终于全面击倒以长孙无忌为代表的关陇集团。在文化层面的革新也同步进行，原本处于弱势的文人士子通过科举制度被有意提拔起来，被忽视了近百年的吴越文人也利用这个机会，在改革的浪潮中逐渐在政坛和文坛崭露头角。在这样的背景下，"吴中四士"这个群体应运而生，成为吴越文人在长安，乃至整个大唐政治文化领域的先声。

第五节 《送人之军》

送人之军

常经绝脉塞,复见断肠流。

送子成今别,令人起昔愁。

陇云晴半雨,边草夏先秋。

万里长城寄,无贻汉国忧。

在贺知章这里,诗歌不再带有功利主义的色彩,他也不刻意去追求内涵与哲理,而是让诗歌成为诗人传情达意的载体,在平实的语言中表达或澎湃、或深沉的情意。他的诗歌包含着积极实现自我人生价值的热情,因而能摆脱宫廷文学的矫揉造作,具有蓬勃的生命力,使得唐诗的变革和发展得到有力的延续和推进。

贺知章的《送人之军》大约创作于开元二十五年(737),当时唐朝正在与吐蕃等国在青海一带交战,唐朝军队虽然取得了胜利,却伤亡惨重,唐玄宗下令"招募丁壮,长充边军"。最鼎盛的时候,唐朝边境的士兵人数达到五十万人,而国家的全部人口也不过五千万,这种规模过大的征兵政策让百姓十分忧惧。面对这种情况,贺知章用诗句抒发自己的情感。

刚刚见识过边塞的凄苦荒凉,今天又听到陇水翻涌声音幽咽,遥望秦川,肝肠寸断。将要与被征兵的孩子在这里分别,想起从前经历过的惨烈战争,那

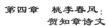

种恐惧感再一次涌上心头。战地处于边陲偏僻的地方，气候恶劣，当中原还是夏天，边塞的草就已经开始枯萎，有了秋天的气息。但愿士兵到军中能成为国家的万里长城，让大唐从此再无外敌之忧。"绝脉塞""断肠流""晴半雨""夏先秋"这些词语的运用使得诗歌满怀悲壮之情，结尾又以长城比喻唐军，表达出希望国家能够从此解除后顾之忧的美好愿望。在贺知章的诗作中，这是唯一一首表达家国情怀的深沉之作，战争给百姓带来的生离死别的伤痛，贺知章通过描写送子从军的场景表现战争的残酷，和杜甫《兵车行》中的诗句一样，二者都给读者带来震撼。杜甫也写送亲人从军，他写道"爷娘妻子走相送，尘埃不见咸阳桥。牵衣顿足拦道哭，哭声直上干云霄"，但贺知章这首诗和杜甫的不同，在抒发悲情之外，还写出了他对国家的祝福与希望。诗句情真意切，既悲且壮，这种感情表达方式也展现了在盛唐时代创作的独特之处。

　　相较于唐代的其他诗人，贺知章流传下来的诗歌作品数量很少，《全唐诗》中仅收录十九篇，经学者查找大量资料研究后，整理出来的诗歌共有二十三篇。按照贺知章的才华，他又广泛活跃在宫廷与民间的各种文化团体中，他的

夕阳映湘湖

桃李春风为谁容:贺知章
TAOLI CHUNFENG WEI SHUI RONG HEZHIZHANG

诗歌作品不会太少,或许是因为贺知章经常即兴创作,再加上他带有粗犷狂放的个性,所以许多作品没有流传下来。尽管如此,我们依然能从这些作品中,探寻贺知章的诗歌特色,并理解他为什么能够成为唐代文学史上著名的诗人。

活动思考

1.诗人大多富有丰富的情感和远大抱负,请你找出几首饱含家国情怀的诗歌和同学分享。

2.在了解贺知章的几首诗歌之后,请你有感情地朗读并背诵下来。

知识拓展

宫廷诗人

贺知章从科考后就一直在宫中任职,无论在国子监还是集贤院,他的主要身份一直都是宫廷诗人。要担任宫廷诗人,就必须具备写作"应制诗"的能力,也就是在皇家仪式、宴饮、出游等场合中,根据皇帝命名或指向来进行"命题作诗"。这样的创作背景,决定了应制诗具有一定的局限,应制诗的写作与日常写作有着很大不同,带有强烈的竞争意味。又因为应制诗产生于宫廷活动中,往往以宫廷的具体事务或景物为创作对象,诗歌内容被限制在歌功颂德、咏物、写景等以皇家为中心的范围内,只有极少数的诗歌会抒发政治情怀和个人情感,在这种情况下,这些作品在风骨方面很难超越前代。但在声律方面,经过初唐到盛唐的发展,正是这种集体诗歌活动促进了律诗、律体、律调的成熟,贺知章作为集贤院的一分子,同样为唐诗在这个方面的发展做出了贡献。

第五章　乱如丝：贺知章乡愁

贺知章在长安总是忍不住思念家乡，他怀念家乡的风土人情，而最能勾起他的回忆的，莫过于家乡独特的美食，以及养育他的镜湖。

第一节　莼　菜

　　贺知章的家乡傍水而居,镜湖中能够采集到的食物,是大自然最慷慨的馈赠。

　　莼菜又叫马蹄菜、湖菜,叶子为深绿色,形状是椭圆形。莼菜一般生长在水面或潜浮在水下,在它的茎叶上有着透明的胶状物质,这种胶状物质在触摸时手感很滑,口感则是又香又

莼菜

脆,鲜美滑嫩。人们在食用莼菜时一般是选择它的嫩叶,莼菜本身并没有特别的味道,有的只是淡淡的蔬菜的清香。莼菜属于南方土生土长的水生植物,因为它的味道鲜美、品质独特,曾经被作为贡品供皇家享用。在镜湖有莼菜生长,镜湖养殖出产的莼菜尤为有名,据说在唐代时,用镜湖出产的莼菜根熬制成的汤羹,还曾作为一道名菜出现在酒宴上,我们在贺知章的诗中也能看到它的身影。

桃李春风为谁容:贺知章
TAOLI CHUNFENG WEI SHUI RONG HEZHIZHANG

渔家乐——青浦问苑

贺知章有诗名为《答朝士》:

钑镂银盘盛蛤蜊,镜湖莼菜乱如丝。

乡曲近来佳此味,遮渠不道是吴儿。

这首诗完全是越地景物的陈列,蛤蜊、莼菜都是当时北方没有的物品,带有鲜明的江南地域特色。在这首诗里提到的"钑镂银盘"是指贵族使用的带有金色装饰的银盘,"镜湖莼菜"就是指镜湖出产的莼菜了。

贺知章之所以写这首诗,据说有一段故事在里面:贺知章远离家乡,从南方来到北方的长安城,当时他虽然已经在国子监担任四门博士,但在长安,这里的北方人对南方人依旧有着一股地理上的优越感。有一天,一起上朝的同僚中有人说"南金复生中土",意思就是南方的宝贝到了我们中原才焕发光彩啊,这句话从字面上看是夸赞的含义,但实际上却隐含着对南方人的戏谑。贺知章听到这样的话后,立即写下这首诗回敬他们。

在这首诗里,贺知章表示蛤蜊与莼菜都是我越地家乡的特产,这些东西

在长安是人人追捧的稀有物品,你们这些北方人在宴席上吃着蛤蜊和莼菜的
时候,怎么就不挑剔,说它们是南方的物产呢?贺知章用这首诗四两拨千斤,
让这些人无言以对。据说当时苏州人顾况也在场,为了反击,也作了一首诗,
他说:"锻镂银盘盛炒虾,镜湖莼菜乱如麻。汉儿女嫁吴儿妇,吴儿尽是汉儿
爷。"相比贺知章,顾况的诗则直接上升到人身攻击的地步,虽然出了一口恶
气,却也失了风度。抛开这些诗歌之外的趣事,单单来欣赏贺知章的这首《答
朝士》,诗歌中蕴含浓郁的越地风味和简洁豁朗的诗风,在当时的诗坛也是一
种新风格。

😊 **莼菜做法大全**

鱼骨莼菜粥

莼菜鱼丸汤

西红柿鸡蛋莼菜汤

莼菜豆腐羹

桃李春风为谁容：贺知章
TAOLI CHUNFENG WEI SHUI RONG HEZHIZHANG

活动思考

1.你在生活中有没有见过莼菜，请你向父母学习制作莼菜的方法。

2.你还知道哪些南方特有的植物，请举例说出几个。

知识拓展

莼鲈之思

根据《晋书·张翰传》记载："翰因见秋风起，乃思吴中菰菜、莼羹、鲈鱼脍，曰：'人生贵适志，何能羁宦数千里，以邀名爵乎？'遂命驾而归。"张翰是西晋的文学家，也吴郡吴县人，也就是今天的江苏苏州人。他在洛阳做官时因不愿卷入朝廷纷争，借口秋风起，让他想起了家乡的生活和家乡的特产，秋天正是吃鲈鱼和莼菜的好季节，他也尤其思念家乡吴郡的菰菜、莼羹和鲈鱼脍。张翰说人生最要紧的是要按照自己的心意而生活，怎么能被官职牵制，为了追求功名而与家乡远隔千里呢？于是张翰辞官返乡，并写下《思吴江歌》表明自己的心意。

秋风起兮木叶飞，吴江水兮鲈正肥。

三千里兮家未归，恨难禁兮仰天悲。

第二节 芰 荷

荷花与菱角是湖边最常见的事物，对贺知章来说，它们也是他儿时最美的回忆。

"芰"是四条角的菱，与莲子一样，生长在湖泊河流之中，有青色和红色两种颜色，红色的菱角比青色的要大，一般采摘后需要将外壳剥下才能食用。

菱角

江南的很多乡村都是傍水而居，和这些乡村相似，贺家村里也有一条小溪蜿蜒流过，就在"百步禁界"之后，贺知章的家正好紧邻这条小溪。溪水四季不停地潺潺流过，村民们在这里打水，也在这里浣洗，这也是少年贺知章和小伙伴们最喜欢的去处。当溪边花草茂盛时，贺知章和伙伴们在这里一起采菰菜；当紫鸳鸯在溪水中成双成对，贺知章就和伙伴们捉些小鱼和虫子来喂它们，看它们抖动着漂亮的羽毛；当芦苇花在微风吹拂下轻轻摆动，他们会撑着小船在芦苇荡中轻巧划过，直到袅袅的炊烟升起，家里的大人迎着夕阳呼唤孩子们的名字，他们才结伴回家。儿时的贺知章在这小溪里收获了莲蓬、鱼儿、河蚌，也收获了他快乐而健康的少年时光。

贺知章曾写过一首《采莲曲》，诗中讲道："稽山罢雾郁嵯峨，镜水无风也

桃李春风为谁容：贺知章

TAOLI CHUNFENG WEI SHUI RONG HEZHIZHANG

自波。莫言春度芳菲尽，别有中流采芰荷。"遥望会稽山，山顶被云雾笼罩，如同仙境，山势巍峨高峻，一片郁郁葱葱。天色晴好，阳光照在镜湖的水面之上，清明而澄澈，虽然没有风，湖面上依然泛起涟漪，波光荡漾。春天就要过去了，但是这并不代表着花开的季节就这样结束了，看那湖中的采莲人，还在采摘亭亭玉立的夏荷和青红色的菱角。这首诗具体创作于何时，我们不得而知，或许是在一个晴朗的午后，贺知章为官多年后，看着长安的天气景色，忽然想起自己家乡春夏之交的景色。想起儿时的自己在家乡山水间尽情玩耍，偶然看到山湖之间美好的景象，现在这些画面忽然又重现于眼前，让他有感而发，写下这首平淡中饱含柔情的诗句。也或许是在贺知章晚年辞官多年之后再次回到家乡的他，看到了如此美丽的江南景观，于是即兴写下这首隐藏着江南风流的《采莲曲》。但不管是在哪种情景下创作出这首诗，它抒发的都是贺知章对家乡的柔情与怀念。

 **相关史事**

引证解释

《楚辞·离骚》："制芰荷以为衣兮,集芙蓉以为裳。"

南朝·谢灵运《石壁精舍还湖中作》："芰荷迭映蔚,蒲稗相因依。"

唐·罗隐《宿荆州江陵驿》诗："风动芰荷香四散,月明楼阁影相侵。"

明·陆采《怀香记·索香看墙》："芰荷池雨声轻溅,似琼珠滴碎还芰荷圆。"

清·曹雪芹《红楼梦》里插曲《紫菱洲歌》有："池塘一夜秋风冷,吹散芰荷红玉影。"

洛夫《血的再版——悼亡母诗》："是青青的芰荷而无根/是多手的荇藻而抓不到泥土。"

 活动思考

1.你都学过哪些描绘荷花的诗句,请选择一首你熟悉的诗歌和同学交流。

2.很多地方都有荷花,请你用相机捕捉荷花美丽的身影,并将照片做成影集。

 **知识拓展**

荷花的意象

荷花又叫莲花，自古以来的文学作品，无论是诗歌还是散文，我们都能在其中找到荷花的影子。文人墨客之所以对荷花情有独钟，不仅仅是因为荷花有着亭亭玉立的身姿，更是因为荷花具有的出淤泥而不染的品质。比如宋代的周敦颐曾作《爱莲说》赞美荷花，他赞颂荷花"出淤泥而不染，濯清涟而不妖"。世人多爱荷花，宋代诗人杨万里一生中创作了数十首咏荷诗，如被后人熟知的"小荷才露尖尖角，早有蜻蜓立上头"，这句诗将荷花初生的画面描绘得活灵活现，让人不禁期待着荷花的盛放。荷花代表着品性高洁，很多诗人也将荷花与歌颂爱情联系在一起，荷花在生长时，有时会出现一枝茎上盛开两朵花的情况，这种荷花被人们称为并蒂莲，象征着爱情与幸福。白居易的《采莲曲》："菱叶萦波荷飐风，荷花深处小船通。逢郎欲语低头笑，碧玉搔头落水中。"这首诗描写的就是一个生动的采荷少女形象。

第三节 蛤 蜊

　　贺知章家乡的蛤蜊味道鲜美，也难怪贺知章会把蛤蜊写进诗里，为家乡感到自豪了。

　　晚唐的温庭筠曾在经过越地时写下《秘书省有贺监知章草题诗因有作》一首，诗曰：

越溪渔客贺知章，任达怜才爱酒狂。
漉鹅苇花随钓艇，蛤蜊菰菜梦横塘。
几年凉月拘华省，一宿秋风忆故乡。
荣路脱身终自得，福庭回首莫相忘。
出笼鸾鹤归辽海，落笔龙蛇满坏墙。
李白死来无醉客，可怜神彩吊残阳。

 问题思考

经贺监旧居

唐·虚中

不恋明皇宠，归来镜水隅。
道装汀鹤识，春醉钓人扶。
逐朵云如吐，成行雁侣驱。
兰亭名景在，踪迹未为孤。

这两首诗有什么不同？

　　在这首诗中提到的"蛤蜊"是一种海鲜，肉质鲜美，出自贺知章家乡越州的蛤蜊更是口感极佳，在唐朝时期也是贡品，朝廷每年都会派人从越州北上送到都城长安。蛤蜊在古代被王公贵族称为佳肴，有着"天下第一鲜""百味之冠"的称呼，江苏民间还有"吃了蛤蜊肉，百

桃李春风为谁容:贺知章
TAOLI CHUNFENG WEI SHUI RONG HEZHIZHANG

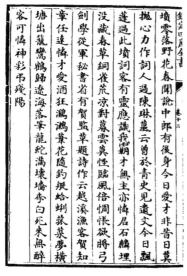

《后村诗话前集》贺知章诗书影

"味都失灵"的说法。

在这首七律中,温庭筠写下了贺知章的人生经历与精神品格。"越溪渔客"的形容,突出了贺知章不同于其他文人的洒脱,"任达怜才爱酒狂"这七个字当中蕴含着丰富的内容,说的是贺知章旷达、爱才、爱酒与狂放的性格,温庭筠总结罗列了贺知章最具有代表性的性格,一个潇洒立体的人物形象清晰可见。在接下来的几句里,温庭筠回顾了贺知章的一生,从到达长安开始,"几年凉月拘华省,一宿秋风忆故乡。荣路脱身终自得,福庭回首莫相忘"。其中流露出的是长年不能离开都城长安的无奈,是对故乡深深的眷恋,以及对岁月和人生的深重感慨。"出笼鸾鹤归辽海,落笔龙蛇满坏墙"是写贺知章在晚年,终于可以像脱出牢笼的仙鹤一样,归隐入道,返回家乡,然而斯人已逝,当日的温庭筠也只能看着有些残破的墙壁,去追思贺知章曾经笔走龙蛇的情景。到这里,诗句中已经笼罩着一层悲凉怅惘的气息,然而温庭筠又说"李白死来无醉客,可怜神彩吊残阳",李白是贺知章的忘年交,李白去世后,世间就再也没有了真正的醉客,当初二人神采飞扬的样子也不见了踪影,徒留作者一人在为他们徘徊叹息。像许多诗歌一样,这首诗里也有着深厚而真切的情感,在寄托温庭筠自身追求的同时,精准地歌颂了贺知章的一生,在纪念回忆贺知章的诗歌中,这首诗是难得的佳作。

 活动思考

1.贺知章的作品中多次出现家乡的事物,足见他对家乡的热爱,请你也为家乡写一篇文章吧。

2.请你收集一些描写蛤蜊的诗句,增加自己的积累。

 **知识拓展**

渔翁的意象

渔翁本意是指老渔夫,但在中国的传统文化中,渔翁的形象却常常与隐逸和清高联系起来。司马迁在《史记·屈原列传》中曾记载,屈原面对渔夫说出"举世皆浊而我独清,众人皆醉而我独醒"的人生格言,后世的柳宗元以"孤舟蓑笠翁,独钓寒江雪"的诗句来表明自己清霜高洁的美好品质,明代的杨慎也以"白发渔樵江渚上"来寄托自己所追求的理想境界。温庭筠以"渔客"一词来形容贺知章,已经是对贺知章人生品格的颂扬。

桃李春风为谁容：贺知章
TAOLI CHUNFENG WEI SHUI RONG HEZHIZHANG

第四节 桃 李

桃树与李树本来是常见的植物，但在贺知章笔下，桃李却有着积极向上的品质。

在贺知章所作的《望人家桃李花》这首诗中，他写桃李"桃花红兮李花白，照灼城隅复南陌""桃李从来露井傍，成蹊结影矜艳阳"，将桃李看作是生长在市井中随处可见、默默无闻的植物，但是又说桃李带着"千年万岁不凋落"的特质，他指出"莫道春花不可树，会持仙实荐君王"。虽然桃李普普通通不惹人注意，但是贺知章赋予了桃李一种积极向上的形象。

今天，我们再来到贺知章的故乡，可以发现这里曾经名叫史家桥村，后

知章村里的贺知章像

来家乡人为了纪念贺知章，就改村名为知章村。村头立有贺知章的塑像，他一把长髯，笑容满面地矗立在自己生长的家乡，供子孙后辈们瞻仰。塑像前有两束花，和贺知章的面容交相辉映，象征着欣欣向荣。在塑像身后不远的

地方，还有几位家中主妇聚在一起，正在整理刚刚从田里采摘下来的青菜，在她们的欢声笑语中流露出的，是对平凡生活的满足和安稳的幸福。村子道路两边的墙面都刷成白底，上面是彩绘的诗歌与插画，诗是贺知章的诗，画中人是贺知章，而画中风景则是村中的风景。贺知章头戴软翅帽，身穿一袭白衣，宽袍广带，意气风发，显然在吟咏诗篇。这些乡间插画可能并非出自名家之手，却意外带有一股自然潇洒的风格，不仅将贺知章的神韵表现出来，而且与诗歌的意境相当贴切，让人不禁感叹蜀山乡民与贺知章存在着天然的相似性，证明了生活在蜀山的人们对贺知章的敬仰，更证明了无论是贺知章本人还是他的诗文，都为后世留下了宝贵的物质精神财富，值得我们代代相传。

 活动思考

  1.李白被世人称为诗仙，有许多作品流传于世，请你找出几首李白的诗与同学分享。

  2.面若桃花经常被用来描写容貌，请你在春天的时候和父母一起去欣赏桃花。

知识拓展

桃 李

桃树与李树是两种不同的植物，桃树主要生长在我国中部和北部地区，花期在三月到四月，果实成熟在八月到九月；李树主要生长在山西、甘肃、四川等地区，花期一般在四月，果实在七月到八月成熟。在文学作品中，因为二者有着类似的习性，一般被合称"桃李"，桃李经常作为一种文学意向出现在各类作品中。比如在曹植的《杂诗七首》中有"南国有佳人，容华若桃李"的描述，就是形容女性容貌艳丽，正值青春年华；而在阮籍的《咏怀诗》中也出现桃李，这句"视彼桃李花，谁能久荧荧"则表达了美好的事物不能永存的感慨；李白也曾写到桃李，在《赠崔侍郎》这首诗中，他提到"扶摇应借力，桃李愿成阴"，在这里的桃李则是指弟子门生，李白借桃李表达希望能够得到考官提携的心意。

第五节　镜　湖

一方水土养一方人,镜湖是贺知章魂牵梦绕的地方。

李白在追忆贺知章时提道:"狂客归四明,山阴道士迎。敕赐镜湖水,为君台沼荣。"久居长安五十余年的贺知章荣归故里前,唐玄宗御赐其"镜湖",从此镜湖成了贺知章的家乡湖。在他为数不多的诗词中,镜湖出现过数次。在《回乡偶书》中他写:"唯有门前镜湖水,春风不改旧时波。"在《采莲曲》中讲道:"稽山罢雾郁嵯峨,镜水无风也自波。"

在贺知章记忆中,他的家乡湖——镜湖——水清如镜。传说黄帝命人到会稽山采挖铜锡浇铸一面巨大镜子,以为镇族之宝。不料在附近湖边打磨时,有湖霸抢夺,镜子不慎沉于湖底。此后,湖水清澈如镜,无名大湖也被传为"镜湖"。隋唐时期,镜湖仍然有着将近两百平方公里的浩瀚水面,覆盖今天绍兴和萧山大部分地方。贺知章出生于镜湖之畔,地理位置在今天萧山区蜀山街道,此处也是贺知章《回乡偶书》描写之地。其后,贺知章随其

漢家草綠遙相待

送姪良攜二妓赴會稽戲有此贈

攜妓東山去春光半道催遙看二桃李傻入鏡中開

送賀賓客歸越

鏡湖流水漾清波 一作春始波

狂客歸舟逸興多山陰道士如相見應寫黃庭換白鵝

送張遙之壽陽幕府

壽陽信天險天險横荊關符堅百萬泉遙阻八公山不

《李太白集》录《送贺宾客归越》书影

123

桃李春风为谁容：贺知章

子居于绍兴会稽山麓之镜湖之滨，直至终老。

有一首名为《晓发》："江皋闻曙钟，轻枻理还舼。海潮夜约约，川露晨溶溶。始见沙上鸟，犹埋云外峰。故乡杳无际，明发怀朋从。"据说，这首诗是贺知章离开家乡，前往长安求取功名时所作。天空刚刚泛出光亮，贺知章就带着早已准备好的行李，在湖边与家人挥手告别，当他踏上向北行驶的小船，远处才传来寺庙晨起的钟声。船家熟练而轻巧地摇动手中的木浆，发出悦耳的水声。贺知章站在船头眺望远方，夜色还没有完全消退，隐约中还能感受到潮起潮落，看到山中已经生出的露水和阵阵晨雾。太阳慢慢升起，渐渐让眼前的事物鲜明起来，他看到沙滩上有鸟儿在飞翔，而眼前的山峰被云雾环绕，如同仙境。故乡的影子离自己原来越远了，从此告别朋辈亲人，今后他只能在远方怀抱着思念之情。这首诗描写了贺知章离开家乡时的情形与景色，那时的他意气风发，虽然面对的是长达千里的旅程，尽管不知需要多久才能见到亲人好友，但是因为他心怀希望，而没有显露出伤感与悲伤。直到天宝三年（744），贺知章终于可以返回心心念念的故乡，辗转陆路和水路，行程颠簸，他从长安出发时还是正月，但快

材料研读

唐·李白《越女词》之五："镜湖水如月，耶溪女如雪。"

宋·苏轼《永和清都观道士求此诗》："镜湖勅赐老江东，未似西归玉局翁。"

清·陈维崧《鹧鸪天·秋日拨闷作》词："一派凉秋，似镜湖，西风萧瑟雁啼芦。"

想一想：从历代诗人描写镜湖的诗句中能感受到镜湖什么样的品格？这与贺知章入道求仙的思想有什么样的联系？

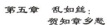

湖畔风光

要到达家乡之时，身边的景物已经露出了春色，他换乘小舟向着家中的方向驶去，回想起当年离开时的风景，一种复杂的情绪油然而生，不知家乡是否还是原来的模样？

贺知章童年时生长在镜湖边，在这个淳朴而平和的乡村中度过，那是一段美好且快乐的时光，让他在离家的几十年中无数次思念与回想。在他为数不多、留存甚少的诗作中，归乡和思家的内容占据了很大的比例。无论是"少小离家老大回，乡音无改鬓毛衰"，还是"唯有门前镜湖水，春风不改旧时波"，《回乡偶书》用最简单的诗句寄托了最浓重的情思，让贺知章能够在蓬勃发展、群星闪耀的盛唐诗坛中，占据一席之地。让作品在平淡中见真谊，最重要的原因是贺知章对于家乡的浓情厚意，是切实存在的，我们可以想见，在镜湖之畔的童年时光，给他留下了多少单纯幸福和情意深重的回忆。

桃李春风为谁容:贺知章

TAOLI CHUNFENG WEI SHUI RONG HEZHIZHANG

活动思考

1.利用假期游览萧山,寻访贺知章故里,体会贺知章的乡愁。

2.镜湖水域风景优美,请你在假期时召集朋友们一起游览观赏。

知识拓展

很多文人墨客在回忆祭奠贺知章时都会提到镜湖,唐玄宗在贺知章提出告老还乡的想法时,还曾将一片镜湖水域划给贺知章,作为他休养生息的地方。

知章祠

宋·王十朋

贺老祠堂枕鉴湖,霓裳羽化宅荒芜。

无人更问君王觅,转使高风千载孤。

宋·张　侃

天清云捲幔,风定水开奁。

既知鉴湖阔,所取胡乃廉。

一曲期自足,千年名字馥。

我来拜遗像,端可激颓俗。

第六章　好书大字：贺知章书法

贺知章本人多才多艺，在盛唐的文化环境下，他的身边围绕着一批当时最优秀的文人士子，这种情况也与他本身具有深厚的文化修养有关。我们今天说贺知章最突出的身份是诗人，而在当时，他除了在文学方面有崇高的地位，在书法方面也有着很深的造诣，是一位很受追捧的书法家，可谓一字千金，是盛唐的书法史上不可忽略的重要人物。

第一节　魏晋风度

　　人们常说字如其人，书法，是了解一个人的重要途径。

　　在书法发展史上，唐代书法是魏晋之后的又一个高峰，在楷书、行书、草书、篆书、隶书等多个书法类型上都有所发展，其中楷书和草书的影响最为深远。唐代之前，由于钟繇、王羲之、王献之等大书法家的出现，草、行、楷书都在魏晋时期发展到了高峰，在这一时期，书法除了包含实用功能外，逐渐具有了审美功能，并不断发展为一门成熟的艺术。

　　唐代书法继承了魏晋书法的传统并蓬勃发展。由于唐代设置书学博士，又采取"以书

钟繇像

 相关史事

　　书学博士，官名。隋朝始置二人，隶国子寺，文帝开皇十三年（593）罢。唐初置废不定，高宗龙朔二年（662）定置二人，主管国子监书学之事。宋初不置，徽宗崇宁三年（1104）国子监创置书学，五年（1106）复置书学博士。

桃李春风为谁容：贺知章

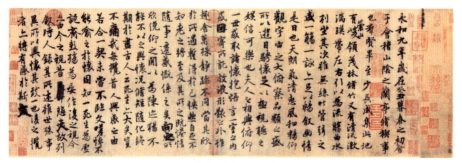

王羲之《兰亭集序》

取仕"的选举制度，也就是说字要写得漂亮，这种社会需求从客观上促进了对书法的深入研究，唐代的楷书书法也因此达到了高峰，留下了许多著名的宏碑巨制。唐代的帝王大多非常热爱书法艺术，且在书法上具有一定的造诣，由此引领了整个社会重视书法的潮流。初唐时期，由于唐太宗推崇王羲之，大家都开始学习王羲之的书法。据说唐太宗费了不少力气才得到《兰亭集序》的真迹，因为太过喜欢，他一直都将其放在枕边，经常在半夜的时候还拿着灯笼欣赏，甚至在临终前他还立下遗诏，将《兰亭集序》的真迹陪葬。

　　贺知章自小就练得一手好字，至于他少年时期师从于谁，我们今天无法考证，但可以确定的是，在贺知章因为文词俊秀被大家熟知的同时，他的书法在长安城中也很受追捧，是当时著名的书法家。从他学习书法的轨迹来看，贺知章在书法上继承了魏晋之风，王羲之和钟繇的作品都是他学习书法时临摹的对象，他也继承了褚遂良、欧阳询、陆柬之等初唐大家的风格。贺知章在临摹前人书法作品之外，还与张旭等人探讨书法，在不断交流学习中促进自身成长。到了中年，他又在学习的基础上，加入自己的独特风格。贺知章的书法经过不断成长，草书书法自成一体，终于在草书创作上成为一代名家。

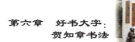

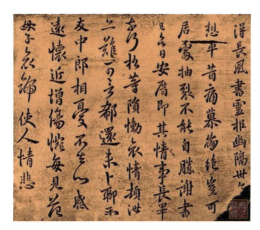

钟繇《得长风帖》节选

褚遂良《大字阴符经》节选

活动思考

1.魏晋时期出现过很多书法大家，请你选择一位书法家的作品进行赏析。

2.行书、草书、篆书、隶书等字体都有着各自的特点，请你分别说出他们的特点。

 **知识拓展**

初唐四大家

　　初唐时期的这些书法家中以欧阳询、虞世南、褚遂良、薛稷的成就最为突出,并称"初唐四大家",而且四个人都因为楷书被世人称道。欧阳询一开始学习王羲之和王献之的书法,后来又学习秦汉篆隶、魏碑,各种书法都很精通,尤其楷书最为漂亮。欧阳询流传下来的书法作品有《九成宫醴泉铭》《化度寺邕禅师塔铭》等。他的楷书笔力遒劲,结构平稳严谨,又有着一丝险绝,世称"欧体""率更体"。虞世南是越州余姚(今属浙江)人,官至秘书监,被封为永兴县公。因此也被人称为"虞永兴"。他的楷书外柔内刚,字体圆融却有力量。有碑刻《孔子庙堂碑》等作品流传于世。褚遂良是钱塘(今浙江杭州)人,唐高宗时被封为河南郡公,世称"褚河南"。他在书法上学习欧阳询、王羲之等人,还融合了隶书的字体,书法方圆兼备、婉美华丽。他又精通王羲之、王献之的书法,能够鉴定他们的真迹,成为当时的权威。他的代表作有《伊阙佛龛碑》《房玄龄碑》《倪宽赞》等。薛稷,字嗣通,蒲州汾阴(今山西万荣西南)人,他因为担任过太子少保、礼部尚书,人称薛少保。薛稷曾见过虞世南、褚遂良的书法,并经常临摹,自己的书法也得到了精进,后来还因为书法闻名于世。薛稷的书法受到褚遂良的影响,当时还有"买褚得薛,不失其节"的说法。他同时也是优秀的画家,擅长画人物、佛像、鸟兽、树石,画鹤尤为生动,时称一绝,作品有《昇仙太子碑》碑阴题名及《信行禅师碑》等。

第二节　初唐传承

　　贺知章虽然是唐代的书法家,但也可以说他的书法作品,在某种程度上起到了承上启下的作用。

　　除了声名显赫的"初唐四大家"之外,在初唐的艺术领域,还有其他著名书法家,其中包括陆柬之、王行满、孙过庭、冯承素等,呈现出"书至初唐而极盛"的蓬勃景象。唐代流传至今的书法作品也比前代增加了很多,大量碑刻上留下了宝贵的书法作品。这些情况说明,在整个初唐时期,人们对书法艺术空前重视和喜爱,无论是在理论还是实践上,书法的发展都有着深厚而肥沃的土壤,贺知章和张旭等人正是在这样的氛围中,推动着唐代书法的发展。

　　初唐时代,随着整个社会形势的变革,世家大族的色彩不再像魏晋时那么浓重,但是仍然有着不小的影响力,而且为唐代书法的发展开了新风。初唐四大家中之一的虞世南,他的书法继承了"二王",也就是王羲之、王献之的书法传统,外柔内刚。宋代黄庭坚非常敬重虞世南,曾在诗中写道"虞书庙堂贞观刻,千两黄金那购得",可见这位书法家在后世也是十分被人尊敬的。

　　贺知章与虞世南,看似是两个没有交集的人

虞世南像

桃李春风为谁容：贺知章
TAOLI CHUNFENG WEI SHUI RONG HEZHIZHANG

贺知章《龙瑞宫记》石刻

物，而事实上，他们属于书法世家中相连的叶脉。虞世南有一个外甥叫陆柬之，陆柬之从小以虞世南为师，书法带有魏晋风度，深得"二王"书法的神韵。据说，陆柬之书写的《头陀寺碑》《急就章》等作品轰动一时，可惜没有流传下来，只有《文赋》一卷传世。陆柬之这件仅存的书法作品以行书和楷书为主，中间又夹杂着草书，富有笔力但转折温润，虽然是三种字体，但上下呼应，顾盼生辉，明代学者宋濂评其为"神俊超逸"。而清代的孙承泽则说："若柬之所书，则精绝一世。字字圆秀，脱胎于兰亭而带有其舅氏虞永兴之逸致，遂觉机法双极。"这些评论足以说明陆柬之的书法很是优秀，即使是在名家辈出的初唐时代，仍然具有超群的实力。《宣和书谱》认为陆柬之晚年的作品和虞世南的书法相比，已经有青出于蓝的态势。和虞世南教导陆柬之一样，陆柬之也将自己的书法心得传授给家族中的其他人，贺知章的姑丈陆元方、张旭的母亲陆氏，都属于陆柬之所在的陆氏家族，在他的影响下，陆家一门，人人擅长书法，成为名副其实的书法世家。陆彦远是陆柬之的儿子，也是张旭的舅舅，在张旭小时候，陆彦远就开始教张旭学习"二王"书法，这为张旭的书法打下了深厚的基础，也促使张旭在书法上取得辉煌成就。而对于贺知章来说，和张旭相比，陆家

和他的联系似乎不是很紧密，但是依照当时的情况，贺知章必然也包括在这个书法世家体系之内。

陆柬之《文赋》节选（现藏于台北故宫博物院）

活动思考

1.王羲之这位大书法家可谓是家喻户晓，请你找出他的作品了解他的书法特点。

2.查阅资料，了解几个书法世家的家学渊源与背后的故事。

知识拓展

书法世家

　　所谓"书法世家",是一种家族式的、具有继承性的书法家群体,这种现象大约在东汉时期出现,当时的崔瑗、崔定父子,张芝、张昶兄弟等都擅长书法,家族中的人物相互影响,有了"书法世家"的苗头。到了魏晋南北朝时期,因为社会上更注重门第和社会等级,高门大户才有更多机会,寒门很难出头,那些具有代表性的文化人物,从整个社会来看也基本上都是出于世家大族。这些门阀世族的子弟们大多具有深厚的文化修养,当时的书法艺术空前繁荣,作为书法发展主导力量的书法家也大为增加,各种书法流派不断出现,而不同的流派常常来自不同的高门望族。如三国时的钟氏,西晋时期的卫氏、陆氏、索氏等,书法世家大量出现,这些家族在书法上都具有很深的造诣,其中最著名的就是东晋的王氏。王羲之的伯父王翼、王导,堂兄弟王恬、王洽等都是当时的书法大家,他的儿子王献之也是著名的书法家,王氏家族一直延续到唐代武则天时期,历经十余代而书香不断。

第三节　盛世气象

　　人们常说大唐盛世，但你知道吗，贺知章别具一格的书法就是对盛世最好的展现。

　　有人说盛唐草书是唐人对书法史的重大贡献，这话看似有些太过极端，但仔细品味也不是毫无道理。盛唐气象是一个抽象的概念，却又真实地体现在当时社会的各个领域。因此，我们讲贺知章的交游，要提到盛唐；讲贺知章的诗歌，要提到盛唐；讲贺知章的书法，同样要提到盛唐。

　　在贺知章的少年时代，也就是唐朝初年，这时候的书法更注重范式，只是继承前人的书法规范，而没有发生根本性的变革。到了盛唐，书法也开始百花争艳，与盛唐气象相得益彰，呈现出蓬勃发展的态势，草书、行书、楷书都得到了新的变革。贺知章与他的挚友张旭一样，以狂草最负盛名。李白在《送贺宾客归越》诗中有言："镜湖流水漾清波，狂客归舟逸兴多。山阴道士如相见，应写黄庭换白鹅。"用王羲之写《黄庭经》换白鹅的典故，将

相关史事

唐朝四个时期划分

初唐——玄武门之变以前

盛唐——玄武门之变以后到安史之乱以前

中唐——安史之乱以后到黄巢起义之前

晚唐——黄巢之乱以后

桃李春风为谁容：贺知章
TAOLI CHUNFENG WEI SHUI RONG HEZHIZHANG

王献之《中秋贴》节选

贺知章与王羲之媲美。而卢象在《送贺监归会稽应制》这首诗中写道："青门抗行谢客儿，健笔违羁王献之。长安素娟书欲偏，工人爱惜常保持。"在这里又将贺知章比喻为王献之。据说，当时的人还将贺知章的草书与秘书省的落星石、薛稷画的鹤、郎余令绘的凤，合称为秘书省"四绝"，足以见得至少在盛唐时期，贺知章作为书法家的名声并不比作为诗人的名气小。

 相关史事

初唐四家楷风严谨，但之后的李邕变右军笔法独树一帜，以至颜筋柳骨，书法成了盛唐气象重要标志，其中孙过庭、张怀瓘的理论贡献可谓功不可没。孙过庭以《书谱》名世，"背羲、献而无失，违钟、张而尚工"一语，体现了孙过庭的书法观，法古而不泥古，以传承促创新。张怀瓘虽为宫廷书家，置皇帝推崇于不顾，于"摹古派"和"任情派"之外，自开理论户牖，成为"自然派"的倡导者。《书断》上中下三卷，以及《书议》《书估》《六体书论》《文字论》等论著，倡导以自然为师，从自然中体察美并收获灵感，进而摆脱姿媚时病。

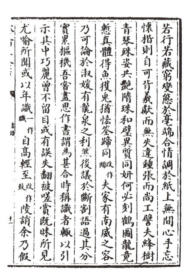

《书谱》书影

李泽厚在《盛唐之音》中，论述到唐代的书法时说："如同音乐与诗的关系，舞蹈之于书法亦然……即所谓'纵横跳动''旋转如风'，从而，那如走龙蛇、刚圆道劲具有弹性活力的笔墨线条，那奇险万状、绎智遗形、连绵不断、忽轻忽重的结体、布局，那倏忽之间变化无常、疾风骤雨不可遏制的情态气势，盛唐的草书不正是这纸上的强烈舞蹈吗？绝句、草书、音乐、舞蹈，这些表现艺术合为一体，构成当时诗书王国的美之冠冕，它把中国传统重旋律重感情的线的艺术推上又一个崭新的阶段，反映了世俗知识分子上升阶段的时代精神。"这段文字感性而又准确，用极富感染力的语言写出了盛唐书法的特征，向人们展示了书法作为一种艺术形式，是如何与时代精神相互融合、共同发展。贺知章和唐代的其他书法家用书法来表现盛唐之音，他们是时代的引领者与实践者，每个字的走势、字与字的联系都体现了盛唐独有的气韵和章法。

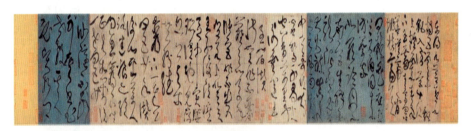

张旭草书作品

 活动思考

在唐代，书法开始了新的变革，请你翻阅资料总结在这一时期书法都发生了哪些变化。

知识拓展

孙过庭

在当时与贺知章齐名的书法家,除了张旭之外,还有一位对后世影响很大的人,他就是孙过庭。孙过庭不但是书法家,而且是一位书学理论家,他自称吴郡(今江苏苏州)人,与贺知章、张旭算得上是同一地区的人,他擅长行书、草书,草书尤为著名。孙过庭写的《书谱》足足有三千七百字,对当时的人来说是一部长篇大论,这部作品中阐述了不同的书法作品有着各自不同的特点,展现了他对书法的精辟见解,揭示出了书法艺术的本质及重要规律。《书谱》既是一幅书法作品,同时也是一个理论贡献,从我国古代书法理论史的角度来说,这是一部具有里程碑性质的著述,标志着中国书法学的发展进入了一个崭新的、辉煌的阶段。

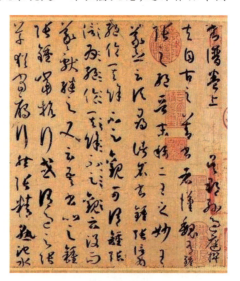

《书谱》局部

第四节　草书之圣

大家都知道诗圣是李白，但你听说过草书之圣吗？

《述书赋》称贺知章的草书"落笔精绝，芳词寡俦，如春林之绚采，实一望而写就"。明代丰坊在《书诀》中记载："张旭得法于贺季真，其笔如空中抛弹，壮伟奇怪，高视千古。"连有"草圣"之称的张旭都曾受益于贺知章，可见贺知章的草书确实为当时的一绝，曾担任宰相的权德舆也盛赞贺知章为"草书之圣"。《新唐书》中对贺知章有一段这样记载："知章性放善谑，晚年尤纵，无复

相关史事

题壁文化

虽然早在东汉，蔡伦就发明造纸术，但是之后很长一段时间，纸张仍算得上稀缺品，与此相反，即使家徒四壁的穷酸书生也能找到墙壁，在墙上挥毫泼墨，成了两汉时期文人的喜好，并形成了题壁的风气。这种风气在汉代以后越来越流行。唐宪宗元和年间，白居易、元稹的诗歌流传较广，在许多墙壁上都可以见到。题壁诗蔚为壮观，逐渐发展成为一种文化，一道风景。宋代周辉在《清波杂志》就提到，自己旅行住店，常在诸多题壁间流连品鉴，有时还能看到亲朋好友的题字。

桃李春风为谁容：贺知章
TAOLI CHUNFENG WEI SHUI RONG HEZHIZHANG

规检。年八十六。自号'四明狂客'，每兴酣命笔，好书大字，或三百言，或五百言，诗笔唯命。问有几纸？报十纸，纸尽语亦尽。二十纸、三十纸，纸尽语亦尽。忽有好处，与造化相争，非人工所到也。"如此任性的行为，更能说明贺知章在书法创作上达到了"人书合一"的境界。

唐代诗人刘禹锡曾作《洛中寺北楼见贺监草书题诗》："高楼贺监昔曾登，壁上笔踪龙虎腾。中国书流尚皇象，北朝文士重徐陵。偶因独见空惊目，恨不同时便伏膺。唯恐尘埃转磨灭，再三珍重嘱山僧。"据记载，唐文宗大和年间，刘禹锡在和州担任刺史的任期期满后，他与白居易相约来到洛阳。偶然间，刘禹锡在当地寺庙的墙壁上看到贺知章的草书作品。唐代诗人有题壁的习惯，尤其是像贺知章这样随心所欲，不挑剔写作地点的狂客，题壁是最为常见的书写方式，刘禹锡这次见到的作品，大概也是贺知章随手写下的。当时贺知章已经去世多年，墙壁上的草书笔迹虽然经过风尘侵蚀，依旧龙腾虎跃，神采飞扬，让刘禹锡非常敬佩，临走之前，他还特意叮嘱寺中的僧人要好好保护这幅作品。然而刘禹锡的嘱托终究抵不过时间的剥蚀，在刘禹锡之后，再也没有人提到贺知章的这份作品，我们只能通过刘禹锡的诗歌去追怀贺知章书法的风采。

温庭筠在评价贺知章的书法时说："知章草书，笔力遒健，风尚高远。"窦臮在《述书赋》中写道："湖山降祉，狂客风流。落笔精绝，芳嗣寡仇。如春林之绚彩，实一望而写忧。邕容省闼，高逸豁达。解朝服而归乡，敛霓裳而辞阙。"窦蒙《述书赋

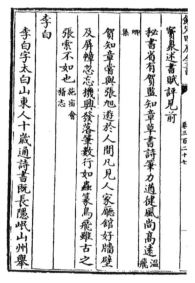

《六艺之一录》记温庭筠评贺知章书法

注》中说："（贺知章）每兴酣命笔，好书大字，或三百言，或五百言，诗笔惟命……忽有好处，与造化相争，非人工所到也。"窦氏兄弟在评论唐代书法名家时常常是讥讽的态度，但是却用"与造化相争，非人工所到"这样的诗句来推崇贺知章，可见他书法成就之高。吕总《续书评》则称贺知章书法为"纵笔如飞，奔而不竭"。陶宗仪《书史会要》称其"善草、隶、当世称重。晚节尤放诞，每醉必作为文词，行草相间，时及于怪逸"。这些书法评论对贺知章草书的评价都很积极，但贺知章流传下来的作品数量极少，不能看到更多优秀的作品，让我们不禁感到遗憾。

活动思考

　1.贺知章与张旭是一对好友，你身边有这样的好朋友吗，请把"贺张"的故事分享给他。

　2.你还知道哪些草书作品，请你列举下来和同学交流。

桃李春风为谁容：贺知章
TAOLI CHUNFENG WEI SHUI RONG HEZHIZHANG

 **知识拓展**

贺 张

在我们所能见到的文献中，提到贺知章的书法，就不能不提到张旭。将这两个人相提并论，一方面是因为二人有着亲戚关系，又是至交好友；另一方面，二人在书法方面的风格与取得的成就，确实有着太多相似的地方。贺知章与张旭兴趣相向，交往频繁，当时人常用"贺张"称呼二人。他们经常一起出游，一起饮酒作诗、高兴的时候还会把诗写下来送给别人，贺知章与张旭在写作时"纵笔如飞，奔而不竭"的画面在当时叫人拍案叫绝。贺知章与张旭性格中狂放不羁的一面，在书法上体现得淋漓尽致，两个人在书法上的成就如同双子星座，可以互相映照。唐代诗人韩愈曾经在《送高闲上人序》中探讨过张旭与草书之间的关系，他认为："往时张旭善草书，不治他技。喜怒窘穷，忧悲愉快，怨恨思慕，酣醉无聊不平，有动于心，必于草书焉发之。观于物，见山水崖谷，鸟兽虫鱼，草木之花实，日月列星，风雨水火，雷霆霹雳，歌舞战斗，天地事物之变，可喜可愕，一寓于书。故旭之书，变动犹鬼神，不可端倪，以此终其身，而后名世。"这是说张旭几乎将全部身心投入到草书中，他的喜怒哀乐、忧惧悲苦、醉梦朦胧，所有这些细腻的心思都倾注在他的草书作品里。大千世界，一花一木，事物的动态变化，同样也在草书中有所表现。韩愈认为将真实的情绪变化寓于书法之中，是张旭能够写得一手好草书的重要原因，他还认为那些心如止水的人，难以达到张旭草书的高度。韩愈对张旭书法的解读，同样也适用于贺知章，贺知章与张旭一样，都将性格中激情热烈的因素投入到书法中，人书合一，才能写出流传百世的书法作品。

第五节 《草书孝经》

作为贺知章唯一的书法作品，《草书孝经》有着丰富的文化价值，也体现了贺知章的价值观念。

贺知章的书法在当时负有盛名，而且丝毫不吝惜自己的笔墨，只要有人前来索求，他都会将书法作品慷慨赠送。前文提到贺知章的诗作就是因为遇到这样的情况，导致流传下来的作品很少，书法作品也是一样，现如今保存下来的只有一篇《草书孝经》。贺知章以《孝经》为书写内容并非一时兴起，而是

相关史事

唐朝统治者对孝文化的社会功能有清醒的认识，因而主张"以孝治天下"，把"孝治"作为唐王朝的基本国策。唐高祖在《旌表孝友诏》中说："民禀五常，仁义斯重；士有百行，孝敬为先。自古哲王，经邦致治，设教垂范，莫尚于兹。"武则天在《臣轨·序》中说："然则君亲既立，忠孝形焉。奉国奉家，率由之道宁二；事君事父，资敬之途斯一。"唐玄宗在《令郡县采奏孝弟诰》中也说："至和育物，大孝安亲，古之哲王，必由斯道……信可以光宅寰宇，永绥黎元者哉。其天下有至孝友弟，行著乡闾堪旌表者，郡县长官采听闻奏，庶孝子顺孙，沐于元化也。"唐代官僚士大夫也同样认同以孝治天下的理念。

——王双怀《唐代孝文化缘何兴盛》

桃李春风为谁容:贺知章

TAOLI CHUNFENG WEI SHUI RONG HEZHIZHANG

受到当时孝文化的影响。社会发展促进了书法艺术的变革,科举制度的完善又对书法提出了要求,除此之外,文化传播也对书法艺术产生了重要的影响,其中的孝文化,就是唐代书法发展的推手之一。贺知章本身是一个孝子,再加上当时社会文化的影响,因此我们才能在今天看到《草书孝经》传世。

《草书孝经》的内容是"今文孝经",纵26厘米,横265.1厘米,每行有4字到16字不等,共1000余字。上面并没有落款,只能根据卷末的小楷来判断,"建隆二年冬十月重粘裱贺监墨迹"指的是建隆二年(961),即北宋立国的第二年。紧靠题款的纸边有朱文印记,印文具体说什么已经不能辨认,只能从卷末的小楷分辨。《草书孝经》自古以来便被认为是贺知章的墨迹,北宋《宣和书谱》中也记载贺知章曾经书写《孝经》,因此基本可以断定这是贺知章的作品。

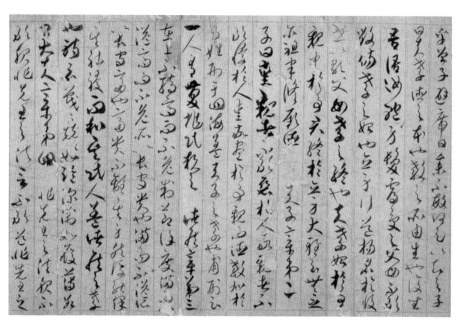

贺知章的《草书孝经》节选

因为被保存下来的书法作品数量太少，贺知章本人的传奇色彩又太过浓厚，人们试图了解他时，大多被他独特的书写行为吸引，很少有人从字形结构与风格上分析不同点。今天，我们重新将目光放在贺知章的《草书孝经》上，这篇作品是用硬毫小笔书写，全卷通篇采用草书，又带有一点隶书的端正，字形大气开阔，结构严谨，笔画粗细相间，虚实相伴，随势而为，像潺潺流水一贯直下，充分体现了贺知章风流倜傥，狂放不羁的浪漫情怀。在笔法上，《草书孝经》落笔干净利落，收笔锋芒毕露，转折之间收放自如，几乎都是用腕侧锋写出，笔画显得粗壮爽利。在整体布局上，《草书孝经》有行无列，字形无论大小粗细都不拘一格，错落有致，行笔的轻重缓急富有节奏，给人酣畅淋漓的感觉，被历代的文人学者称誉。特别值得注意的是，《草书孝经》通篇近两千字，竟然能够前呼后应，一气呵成，没有一处懈怠，姿态活泼而走势飘逸，因此也有许多人猜测，这大概是贺知章酒酣微醺时写下。总体上来说，贺知章与张旭一样，在书法中体现的也是随心所欲、恣意潇洒的人生态度，他的草书继承了孙过庭的笔法，但字体连绵，气势如飞鸟，被人称作"与造化相争，非人工所到"。

贺知章《草书孝经》节选石刻（贺知章小学）

活动思考

1.在你的家乡有没有碑刻,请你实地考察探寻碑刻背后的故事。

2.孝道是中华民族的传统美德,召开一个与孝道有关的主题班会,与同学交流分享。

知识拓展

碑文化

在唐代,为死去的亲人树碑立传的风气非常盛行,碑原本是一种竖石,作为一种标志,后来才被人们刻字,表示纪念或彰显功绩。碑文的内容一般是对宗族家族发展历程的记述,对死者品德功绩的颂扬,以及寄托立碑者对死者的思念之情。由于碑石具有历经风雨而不枯朽的特征,如此一来,可以起到"慎终追远"也就是追念先贤的目的。在这样的社会风气下,孝道与祭文、书法、碑刻之间就形成了一种良性互动的关系。

在盛唐丰富的文化活动中，宗教也扮演着重要角色。从汉末到魏晋时期，儒释道三种文化逐渐融合，并在这个过程中不断影响着人们的思想。儒家文化给文人们提供了经世致用的知识，为他们的科举考试提供了途径；而佛教与道教在精神上为遭受打击和创伤的人们抹去伤痛，使他们的心灵重新恢复平和。到了唐代，儒释道之间的融合仍在进行，三者有矛盾，但基本上能够和平相处。在唐代的文人当中，透过他们的诗文作品，我们可以发现几乎人人都与佛教或者道教有着不小的联系。有不同追求的人会偏好不同的文化，这样的选择会形成不同的文化团体，也成为一种结交文人的新方式。

第七章 一代异人：贺知章归宿

第一节　仙风道骨

　　贺知章追求道家思想，但这种追求并不是一时兴起，反而是受到多种因素的影响。

　　在贺知章的人生中，道教对他来说，是非常重要的文化因素，他从年少时就受到家乡文化氛围的影响，在盛年时又喜欢和道友结交论道，我们也就不难理解，为什么他在晚年最终会选择入道。贺知章与道家的渊源要从他的家乡说

《太平广记》录贺知章信道故事

起，在他的家乡越州，魏晋士人崇尚的归隐氛围在当地还有一定影响，在这样的文化背景下成长起来，使得贺知章对道家思想有着一种天然的认同感，也促成了他在中年以后与道家人士的交游。

　　贺知章是如何选择入道，没有具体的文字记载，但是后人对这个问题有着诸多猜测，在《太平广记·神仙》中就记载着这样一个故事，想象了贺知章带有神异色彩的入道过程。

　　故事说贺知章的宅子位于长安城中的宣平坊，而贺宅的对面有一个小板

桃李春风为谁容：贺知章
TAOLI CHUNFENG WEI SHUI RONG HEZHIZHANG

 相关史事

与儒道文化等主流文化不同，隐士文化是一种非主流文化，是在儒道文化之后产生的。儒家虽然有积极入世的理想，但也有无法实现理想的无奈。《论语》中有言："天下有道则见，无道则隐。"除了儒家思想的影响之外，道家顺应自然的思想对于出世也有积极的影响，于是在这样一种情况之下，隐士文化思想开始产生。虽然隐士及其思想早已有之，但是直到魏晋时代，隐士文化的思想方才得到了极大的发展，而魏晋时代亦成为中国历史上隐士最多的一个时期，被称为隐士文化大繁荣时期。

门，贺知章经常看见一个老人骑着驴出入其中。贺知章看到之后并不以为意，就这样过了五六年。有一天，他惊奇地发现，老人的脸色和衣服还是像原来一样，丝毫没有变化。直到这时，贺知章才意识到，从来没有人见到过这位老人的家属，他询问巷里的邻居，大家都说这人是西市卖穿钱绳索的王老，除了这个，平日里也没见他做过什么。话虽如此，但在贺知章的心里已经认定王老是一个不平凡的人。

一次，贺知章来到王老这里，老人也非常恭敬地迎接他，贺知章注意到老人身边只有一个使唤的童子。闲谈之间，贺知章发出自己的疑问，问起老人平时做什么营生，老人只是随便敷衍过去。从此以后，贺知章常常到老人这里做客，二人你来我往，关系逐渐亲密起来，谈论的话题也变多了。

有一次，老人说起他擅长修道炼丹之术，这让尊信道教的贺知章非常高兴，觉得找到了知己，于是马上说愿意拜老人为师，老人也欣然答应。过了一段时间，贺知章和夫人一起来到老人这里，拿出一颗光芒璀璨的明珠，说是在家乡的时候得到的，已经珍藏了很多年，现在特地敬献给老人，希望老人为他们讲授道法。老人也不推辞，接过来就把明珠交给童子，让他买些烧饼来。

不一会儿，童子果然用明珠换来三十多个烧饼，请贺知章一起吃。贺知章当下心中有些不快，自己虽然也是豁达之人，但是宝珠确实是特意送给老人的，没想到他这么不在意。老人察觉到他的不悦，说："学习道法靠的是心得，而不在于力争。过于在意世俗的东西，道术是不会成功的，你应当到深山穷谷中专心致志地探索道法，这不是在市井之中能传授的。"贺知章听了这些话之后如醍醐灌顶，思索良久，他领悟了老人的意思，朝老人拜了拜就离开了。

几天以后，街坊邻居都发现这位老人不见了，也没有留下丝毫痕迹，大家都啧啧称奇。贺知章心中感恩，认为这一定是老天对他的暗示，于是请求辞官，入道还乡。

《太平广记》中这个故事充满神异色彩，但无论如何，这个故事都只是后人对贺知章入道的美好想象。毕竟在医疗技术水平并不发达的古代，这位老人达到了八十六岁的高龄，在晚年也一直保持着鹤发童颜、宛若神仙的风采。潇洒又平和、狂放又通透，贺知章的性情中丝毫没有任何虚假与矫揉造作，再加上他有着非凡艺术才华，让人们愿意把他和得道成仙联系起来。

材料研读

送贺知章归四明	送贺知章入道
唐·李隆基	唐·姚崇
遗荣期入道，辞老竟抽簪。	若非尧运及垂衣，肯许巢由脱俗机。
岂不惜贤达，其如高尚心。	太液始同黄鹤下，仙乡已驾白云归。
寰中得秘要，方外散幽襟。	还披旧褐辞金殿，却捧玄珠向翠微。
独有青门饯，群僚怅别深。	羁束惭无仙药分，随车空有梦魂飞。

读一读：这两首诗对于贺知章归隐表达了什么样的思想感情？

活动思考

1.道教是发源于中国的宗教,请你阅读关于道教的神话传说并写下读后感。

2.老子是道教的代表人物,列举你知道的关于老子的名言警句。

知识拓展

道　教

作为在中华大地上土生土长的宗教,道教以"道"为最高信仰,从东汉末年开始成形并逐渐发展起来。道教文化中包含鬼神崇拜观念,以黄老思想为理论根据,又继承了战国以来的神仙方术,逐渐衍化形成。东汉末年出现大量道教组织,著名的有太平道、五斗米道。南北朝时期,道教宗教形式逐渐完善,到了唐代,道教与道家思想非常兴盛。唐朝时期,道教得到了很大的发展,为了神化自己的统治,唐朝的皇帝尊崇道家创始人老子为祖先,极力提倡道教。唐高祖时,道教被定为国教,还颁布《先老后释诏》"令先老,孔次,末后释宗",定下了道、儒、释这样的等级顺序。贞观十一年(637),唐太宗下诏规定"道士、女冠可在僧尼之前"。唐高宗则封老子为"太上玄元皇帝",建庙祠祀,尊《老子》为上经,让王公大臣学习,还把它作为"贡举人"的考试内容。唐玄宗大力提倡道教,设立崇玄馆,所以王公贵族和百官都学习《老子》,就连科举考试中也增设了道举。当时长安、洛阳以及各州府都建有玄元皇帝庙,各地道观的数量激增到近两千所。在皇家的引领之下,除了帝王尊崇道教,很多文人也都开始信奉道教。

第二节 归心妙门

唐玄宗在诏书中说，贺知章辞官回乡是"归心妙门"，那么他为什么会这样说呢？

贺知章在做官时与茅山道士司马承祯、李含光等人关系亲密，常常在一起改编道曲，探讨修道之术。司马承祯在盛唐时期是一个著名的道士，无论是宫廷还是普通文人都和他有着紧密的联系，这些人中也包括贺知章与李白。作为一个与宫廷联系频繁的道士，司马承祯在精通道学的同时，还具备

 相关史事

茅山道士来源于道教的"茅山宗"一派，茅山宗是以茅山为祖庭而形成的道教派别。它宗承上清派，是上清派以茅山为发展中心的别称。它的实际开创者是陶弘景，茅山宗的弟子就被统称为茅山道士。自陶弘景以后，茅山宗人才辈出，其影响也日渐扩大。唐宋时期的茅山宗发展到了高峰，唐代茅山道士王远知、潘师正、司马承祯、李含光等均极得大唐宗室的尊崇。

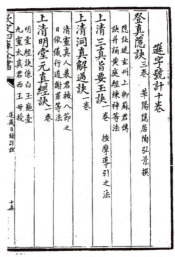

《道藏目录详注》载陶弘景作品

桃李春风为谁容:贺知章

深厚的文化修养,所以能够经常参加宫廷的文化活动。司马承祯在都城长安期间,与贺知章等文人雅士是志趣相投的好友,他们常常在一起赋诗、论道、抚琴、畅饮。当时贺知章与司马承祯等人之间的交游,一定是互相赏识的。除了诗才之外,司马承祯与贺知章一样,也是一位书法家,尤其擅长篆书、隶书,他还融合两种书体的特点,首创"金剪刀书",风靡一时。两人都是爱好书法的人,自然又有了更多可以交流的话题。司马承祯曾多次受朝廷征召,每次都住在长安,这就为贺知章与这位道士的交游提供了便利,他们的日常活动必然也与道教有关。在这个过程中,贺知章受到了道教文化的熏陶,也是他从偏好道教到完全投入道教的重要原因。

从唐高祖到唐玄宗,几代帝王都对道教特别重视,这也让尊崇道教成为一种潮流。在这样的文化氛围下,朝中大臣把道教当成一种寄托,当他们面对现实焦虑却得不到排解的时候,道教就成为他们的精神港湾。贺知章对道教的归附,当然不是出于"跟风"心理,但是朝廷对道教的态度,在客观上推动了他对道教的认同,最终让道教成为他生命中不可或缺的一部分。在贺知章的晚年,与他论道最多的当属李白,贺知章初见李白时以"谪仙人"来形容他,这个用词就来源于道教,足以见得在这一时期,贺知章已经信奉道教了。李白到长安后促成了贺知章、李白与吴筠的交游,再加

司马承祯录《上清侍帝晨桐柏真人真图赞》书影

上上清派的宗师或传人，如元丹丘、胡紫阳等，在彼此不断地交流之下，贺知章对道教的领悟也愈来愈深。

贺知章晚年在朝堂中的地位极高，唐玄宗和太子都对他礼遇备至。但是随着时代的发展，政治也在悄悄发生着变化，年过八十的贺知章不愿意在朝堂敷衍政事，便请求告老还乡，入道归隐。有记载这样写道："既行，帝赐诗，皇太子百官钱送。擢其子曾子为会稽郡司马，赐绯鱼，使侍养，幼子亦听为道士。卒，年八十六。"可以看出，贺知章离开时有

《古今纪要》录唐玄宗送别贺知章事

着盛大的送别仪式，但这样的场面并不常见，可见唐玄宗对贺知章的厚爱。这一情况也让贺知章十分感激，他特意上奏唐玄宗，感谢朝廷对他的盛情。唐玄宗又亲自写下回诏，说："卿儒才旧业，德著老成，方欲乞言，以光东序，而乃高蹈世表，归心妙门，虽雅意难违，良深耿叹。眷言离祖，是用赠诗，宜保松乔，慎行李也。儿子等常所执经，故令亲别，尊师之义，何以谢焉。"诏书表示贺知章一生劳苦功高，不但表达了唐玄宗对他的夸赞，还表达了对他告老还乡、不能继续在朝廷任职的遗憾。贺知章曾经做过太子的老师，因为有着师生情谊，唐玄宗让太子也来为他送行，最后仍然称贺知章为"尊师"，可见唐玄宗对他的赏识。

桃李春风为谁容:贺知章
TAOLI CHUNFENG WEI SHUI RONG HEZHIZHANG

活动思考

1.请你查阅资料找出几首"仙宗十友"的诗,并挑选感兴趣的记录下来。

知识拓展

仙宗十友

贺知章还名列"仙宗十友",所谓仙宗十友,是指司马承祯、李白、孟浩然、王维、贺知章、卢藏用、王适、毕构、宋之问、陈子昂等十个人。在盛唐历史上,这些人在文化领域内都是举足轻重的人物,他们围绕道教进行的交游是一个重要事件。不过"仙宗十友"并不像"吴中四士"那样,属于当时人认定的称号,而是由五代之后的文人提出。后人出于追思与仰慕的情感,按照这十个人都与道教联系紧密的共同点,把他们组成一个团体。首先,"仙宗十友"这个群体在时间跨度上很广,囊括了从初唐到盛唐的重要人物;其次,"仙宗十友"中的人物彼此之间也并不一定有着实际的交游关系,比如王维与李白,这两个人虽然有着相同的年龄,在史书上却没有任何交游的记载。因此这个群体并不能体现贺知章交游的情况,只是这些人都偏好道教文化。

第三节 狂客归舟

贺知章晚年自号"四明狂客"，几十年后，这位狂客终于要回到他思念了千百回的故乡。

狂客，既是说他狂傲的行为方式，也表达了他一直在追求的人生理想。在官场上，贺知章看似是一名狂客，不在乎任何人或事，但事实上，犹如风清月明，他不可能不了解官场中的各种利益关系，不过是尽量让自己不受淤泥浸染。贺知章在各种场合中做得最多的事，就是挥毫泼墨，吟诗作对。在唐玄宗举行的宴饮活动中，贺知章以这种随心所欲的行事风格，以诙谐幽默的手段，施展自己的才华，每次都可以使活动的气氛高涨起来，让宾主尽欢。

据史书记载，唐玄宗天宝二年（743）年末的时候，担任太子宾客的贺知章向唐玄宗辞官，说想回家当一名道士，皇帝再三挽留，不得已才答应他的请求。翌年正月五日，贺知章从长安出发，宰相大臣一行人到城东长乐坂送行。唐玄宗亲

（嘉靖）《萧山县志》记贺知章辞别归乡事

159

桃李春风为谁容:贺知章
TAOLI CHUNFENG WEI SHUI RONG HEZHIZHANG

自赋诗:"解组辞荣,志期入道……俾随赤松之游。""贺知章一代异人,天机卓绝,不入名法辙迹,而放意纵适,超诣悬解,晚年尤纵诞,极饮狂肆",他说贺知章宁愿放弃官职也要追求道法,称赞他有着卓越的才华,不仅爱好喝酒,而且有着放诞的性格。

李白在私下作诗时,也提到贺知章是一名"狂客",他说:"镜湖流水漾清波,狂客归舟逸兴多。"这句诗和贺知章一样,明显流露出潇洒的气概。镜湖的湖水荡漾,明亮清澈,离家多年的"四明狂客"乘舟归来,心中一定思绪万千。后面李白又写道:"山阴道士如相见,应写黄庭换白鹅。"贺知章回到会稽之地,如果看到山阴的道士,大概也会像王羲之一样写下《黄庭经》来换道士的白鹅吧!李白用王羲之来比喻贺知章,一是认为贺知章有着和魏晋名士一样的风骨品格,二是因为贺知章与王羲之都是信奉道教的人。李白的诗歌中满含祝福,希望贺知章能在家乡过上惬意的隐逸生活。这首送别诗写得

相关史事

相传贺知章和李白一见如故,贺知章邀请李白去饮酒,在酒店刚坐下,才想起身边没有带钱。他想了想,便把腰间的金饰龟袋解下来,做为酒钱。李白阻拦说:"使不得,这是皇家按品级给你的饰品,怎好拿来换酒呢?"贺知章仰面大笑说:"这算得了什么?今日有幸与仙人结友,可要喝个痛快!区区金龟哪能妨碍我俩一同享乐呢?"两人都能喝酒,直到大家微醉时才告别。这就是"金龟换酒"典故的由来。

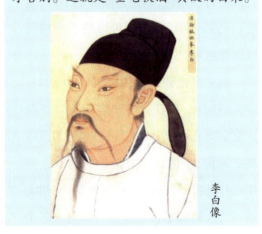

李白像

潇洒而又平实，没有离别的伤感，却饱含知己之间的相知相惜，诗句虽短，却似乎蕴含着千言万语。贺知章选择在年老时入道，是因为随着年龄的增长，他对生命和道教思想有了更深的领悟，因而决定抛弃官场生活，去寻找一个适合他修道的归隐之地。

"狂客"二字中蕴藏的自由潇洒之气，与盛唐的气质相互贴合，相得益彰，这也让我们注意到贺知章个性中不愿妥协的一面。因为在大多数人的生命轨迹中，轻狂总是与少年气联系在一起，随着年纪增长，很多人的性格变得平和圆融，贺知章却反其道而行，越到晚

问题思考

想一想：唐代出现那么多狂客的原因是什么？

年，越以"狂客"自称。究其原因：一方面是因为他做官时间长，却坚持不与他人同流合污，到了晚年，认为自己与其他人不同，当得上"狂客"的身份；另一方面，也是最为根本的原因，贺知章在思想上选择了道教，在生活中清静无为，放任自然。因此"狂客"中隐含的是贺知章在晚年的取向和选择，在长安时，这种思想就一直伴随着他，直到他长眠于思念了近六十年的故乡。

活动思考

贺知章本人具有的风清月明的特质被人称颂，请你和同学们搜集和贺知章有着相似特质的人物，并互相交流感想。

 **知识拓展**

贺知章归隐生活

贺知章在《题袁氏别业》中写道："主人不相识，偶坐为林泉。莫谩愁沽酒，囊中自有钱。"这首诗的意思是，有一天，贺知章到山野中漫步，无意间来到一处景色优美的地方，没想到这里正好是袁氏别墅。诗人和主人并没有见过面，不过是偶然间看到美景，就坐下来观赏四周美丽的树木和石泉。或许主人知道贺知章到此，连忙出来迎接，但是这位不拘小节的老人却笑笑说："你们不要忙了，也不要为去哪里买酒发愁，我自己的口袋里装得鼓鼓的，可一点儿也不缺打酒钱！"对此，《唐诗笺注》评价说："闲适之情，可消俗虑；潇洒之致，可涤烦襟。"这首诗语言质朴自然，风格散淡洒脱，字里行间十分风趣幽默，用简单的四句诗记下了诗人某日的行程，轻松愉悦又活泼清新，诗人自身亲切可爱的形象跃然眼前，似乎在读者面前说笑，不愧是一个四明狂客。

第四节　回乡偶书

　　每一个游子都有着自己的乡愁，当贺知章回到家乡，又会产生什么样的情绪呢？

　　在送别贺知章时，唐玄宗写下《送贺知章归四明》，其他众多人物皇太子、李白、李林甫等人也都跟随唐玄宗的笔墨，纷纷写下应制诗，为贺知章送行，据记载，当时大约有三十人为贺知章写下了送行诗作，除了前面所提到的作者，还有李适之、郭虚己等人也

 相关史事

　　既行，帝赐诗，皇太子百官饯送。

　　　　——《新唐书·贺知章列传》

　　贺知章的送别仪式可谓是文坛盛会。这样的殊荣，在玄宗时期也算是独一份的了。

各自创作了送别诗，这除了说明贺知章有着尊贵的地位以外，也展现了当时宫廷诗应制诗的盛况。无论是唐玄宗、李白或是朝中其他的官员，在相同的诗歌主题下表达的几乎都是同样的含义：贺知章即将抛弃朝中的权力地位和荣华富贵，向着道家仙人的世界去了。

　　百官饯行的仪式都结束以后，年老的贺知章颤巍巍地向太子和诸位同僚作揖拜别，车轮滚滚，踏上回乡的归途。从考中进士到辞官还乡，贺知章走过了五十年的官宦生涯，他经历过数次血腥残酷的宫廷争斗，看到过自己的朋

桃李春风为谁容：贺知章

TAOLI CHUNFENG WEI SHUI RONG HEZHIZHANG

友在官场中青云直上，也目睹过他们被贬黜、打压的悲惨经历。贺知章没有真正接触过国家权力的中心，因此在经历了多次帝王更迭后，依然能够不被波及，从另外一个角度说，贺知章只能算是政治浪潮中一个可有可无的小人物。然而，对于贺知章本人来说，能够在政治生活中独善其身，这正是一个光明磊落、性格率真的人所向往的。在长安取得了一番成就，同时也没有让自己陷入追名逐利的泥潭，贺知章没有辜负贺氏宗亲的期望，岁月轮转，黑发变成白发，他依然是那个豪放豁达的萧山人。

贺知章回到家乡之前的感受，到达之后的经历，千百年来成为人们耳熟能详的故事。少小离家，耄耋而归，鬓发苍苍，却仍带着家乡的口音，但这位远道而来的"客人"，对

《唐音》录《回乡偶书》书影

164

乡里的孩子们来说还是太陌生了,难怪会引得大家好奇,笑着问他是从哪里来。孩子们的问题一定也让贺知章感到无奈,但时间带来的改变让人无法忽略,几十年的岁月实在太久,原来的亲人朋友大多已经不在了,时间流转,沧海桑田。只有那一片镜湖的湖水,在春风吹拂之下,还泛着和当日一样的水波。贺知章对故乡这片土地有着无法磨灭的眷恋,于是他将这种情感倾注到作品中,用朴实无华的语言诉说着他浓厚的乡愁。

送贺知章归乡场景浮雕(知章公园)

 活动思考

1.诗人在离别时经常会作送别诗来抒发自己的离别之情,请你列举几首送别诗和同学分享。

2.有感情地朗读《回乡偶书》,并认真体会诗句中蕴含的感情。

知识拓展

《紫阳真人歌》

当时在宫廷任职的诗人卢象写下《紫阳真人歌》,送贺知章入道回乡:

君不见先生耳鼻有仙骨,自号狂生中有物。

金华侍讲三十年,儿戏公卿与簪笏。

青门抗行谢客儿,健笔连羁王献之。

长安素绢书欲遍,主人爱惜常保持。

每叹二疏不足道,复言四皓常枯槁。

去年寝疾弥数旬,神鬼盈庭谋一老。

长男泣血求司命,少女攀眉诵灵宝。

还如简子复归来,更与洪崖同寿考。

上书北阙言授箓。税驾东州愿修道。

初闻行路犹未信,果达吾君谓之好。

山阴旧宅作仙坛,湖上闲田种芝草。

镜湖之水含杳冥,会稽仙洞多精灵。

须乘赤鲤游沧海,当以群鹅写道经。

皇恩赠诗四十字,明主赐金三十镒。

供帐倾朝一送归,双童驱马从兹出。

回看紫绶若轻尘,远别青门嗟故人。

鸳鹭差池攀羽盖,虹霓夭娇翊车轮。

田田列侍浮丘伯,曾子荣过朱买臣。

余高若是有先觉,灭迹归根从大朴。

千载悠悠等令威,十洲漫漫思方朔。

归去来,青牛顿足少迟回。

忽然云雾不相见,唯有飘飘香气来。

第五节 山阴道士

　　贺知章没有要求衣锦还乡，反而希望以道士身份归隐田园，他的个人品质值得后世敬仰。

　　贺知章对李白有着知遇之恩，对于这份恩情，李白一生都很感激，而山阴道士这个称呼，也是他对贺知章最贴切的描述。贺知章回到家乡没多长时间就驾鹤西去，李白听闻这个消息十分悲痛，为了祭念贺知章，他创作了《对酒忆贺监二首》，其一："四明有狂客，风流贺季真。长安一相见，呼我谪仙人。昔好杯中物，翻为松下尘。金龟换酒处，却忆泪沾巾。"其二："狂客归四明，山阴道士迎。敕赐镜湖水，为君台沼荣。人亡余故宅，空有荷花生。念此杳如梦，凄然伤我情。"在第一首

 相关史事

　　《太平广记·李白》中写到了李白和贺知章的初次相遇："李太白初自蜀至京师，舍于逆旅。贺监知章闻其名，首访之。既奇其姿，又请所为文，白出《蜀道难》以示之。读未竟，称叹数四，号为谪仙人。"贺知章惜才，向皇室推荐了李白，李白被任为翰林。由于贺知章的诚荐，玄宗得英才而高兴，李白也解开了"大道如青天，我独不得出"的怀才不遇的郁闷心境。

诗中，李白用平实的语言回忆了他与贺知章相见相知，以及后来二人交游的细节，点滴之中都是对这位清狂老人的赞颂与感激。在第二首诗中，李白提

桃李春风为谁容：贺知章

TAOLI CHUNFENG WEI SHUI RONG HEZHIZHANG

到唐玄宗曾赏赐贺知章一片镜湖水，他想象了贺知章荣归故里的场景，而现在却是人去宅空，只剩下镜湖荷花还在开放。李白觉得这一切好像梦境一般，想到这里只感到伤情悲痛。这两首诗并没有列举逝者的功绩，只是简单地回忆往事，朴实纯真的语言却让人感同身受，与诗人一起哀悼他们深刻的友谊。

贺知章是以道士的身份回乡，在向唐玄宗提出辞官想法的时候，他请求将自己的宅子改为道观，唐玄宗欣然同意，并赐名"千秋观"，希望贺知章能在观中修行得道，长寿千秋。此外，唐玄宗还特意将周围的一片水域划给贺知章，作为他修道的场所。这些赏赐几乎面面俱到，为贺知章休养生息提供了一个理想舒适的环境。贺知章终于回到家乡，怀着激动的心情，观赏着自己错过了数十年的风景。回想这一生中遇到的人和事，幼年时的甘甜辛酸，回忆时难免带着些许伤感，在长安五十年的时光，风云变幻，人生际遇，也充满着许多值得

追怀的美好。在千秋观中，身旁是青山秀水，贺知章享受着大自然的馈赠，进入了他人生中最轻松的阶段。或许是因为精神和身体都得到了放松，尘世中再也没有什么让人放不下的牵绊，贺知章在归乡不久即仙逝而去，平静地离开了这个世界。

今天的我们站在这里，跨越一千多年的时光，去遥望大唐的风景，无论是整齐壮阔的长安城、巍峨华丽的大明宫，还是当时唐人自信昂扬的风采、文人们纵情欢笑的诗酒豪情，都满足了我们对那个伟大时代的想象，让人对大唐无比神往。贺知章作为这个华丽时代的一部分，同样具备让人倾慕的品格与

风采。狂放不羁,是我们在描述贺知章时常常用到的词语,这是贺知章的个人魅力,不只是他受到自然山水与魏晋遗风的感染,还因为多年的官场生涯并没有改变他的性格,他在与朋友交游过程中始终保持着这种个性。当人们谈及万丈光芒的盛唐时代,贺知章是不能被忽略的重要人物;当人们歌颂自由狂放的诗意人生时,贺知章总能成为他们的偶像。经历过时间洪流的淘洗冲刷,贺知章的形象更加清晰,更能代表中国古代文人的丰神俊朗与

贺知章像

豪情万丈,这位来自越州灵秀之地的先贤人物,足以让人永远缅怀和纪念,引发人们对传承千年文化的沉思。

甲科济美坊

桃李春风为谁容：贺知章

TAOLI CHUNFENG WEI SHUI RONG HEZHIZHANG

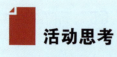

活动思考

1.相信你对贺知章已经有了一定的了解，请你把贺知章的故事和同学们分享一下吧。

2.在你的家乡附近有没有名人故居，在假期的时候请你和朋友去调查一下。